Ernst Brücke

Grundzüge der Physiologie und Systematik der Sprachlaute

für Linguisten und Taubstummenlehrer

Ernst Brücke

Grundzüge der Physiologie und Systematik der Sprachlaute
für Linguisten und Taubstummenlehrer

ISBN/EAN: 9783744658959

Hergestellt in Europa, USA, Kanada, Australien, Japan

Cover: Foto ©Lupo / pixelio.de

Weitere Bücher finden Sie auf **www.hansebooks.com**

GRUNDZÜGE

DER

PHYSIOLOGIE UND SYSTEMATIK

DER

SPRACHLAUTE

FÜR LINGUISTEN UND TAUBSTUMMENLEHRER.

VON

ERNST BRÜCKE.

ZWEITE AUFLAGE.

MIT ZWEI TAFELN IN STEINDRUCK

WIEN.
DRUCK UND VERLAG VON CARL GEROLD'S SOHN.
1876.

Vorwort zur zweiten Auflage.

Die Grundzüge der Physiologie und Systematik der Sprachlaute wurden in der Gestalt, in welcher sie in der ersten Auflage dieses Buches enthalten sind, auf Wunsch meines Freundes Bonitz für die „Zeitschrift für die österreichischen Gymnasien“ geschrieben und in derselben im Jahre 1856 in den Heften 7, 8 und 9 abgedruckt. Dann wurden sie durch einen Abschnitt über phonetische Transscription vermehrt und erschienen in demselben Jahre bei Carl Gerold's Sohn in Wien als Buch. In dieser neuen Auflage kann ich Manches hinzufügen und Manches berichtigen, theils weil neue Beobachtungen gemacht und neue Quellen erschlossen sind, theils weil ich Zeit und Gelegenheit gefunden habe mir Kenntnisse anzueignen, die mir früher fehlten. Es gilt dies namentlich in Rücksicht auf die arabischen Sprachlaute, indem ich unter Leitung des Professor Ant. Hassan die Formenlehre des Arabischen in dessen lebender Aussprache studirt habe, um nicht nur zu wissen, welcher Lautwerth den einzelnen Buchstaben des Alphabetes im Allgemeinen beigelegt wird, sondern auch ihre Aussprache in den verschiedenen Verbindungen und in verschiedenen Wörtern und grammatischen Formen kennen zu lernen.

Ich kann ferner Manches, was ich früher nur vermuthungsweise äusserte, in Folge weiterer Erfahrungen nunmehr mit Gewissheit aussprechen.

Den Abschnitt über phonetische Transscription habe ich in dieser Auflage hinweglassen, weil ich den Plan, den ich darin entworfen, seitdem ausgeführt habe. (Ueber eine neue Methode der phonetischen Transscription. Sitzungsberichte der phil. hist. Classe der kais. Akademie der Wissenschaften. XLI. Bd. S. 223. Separatabdruck bei Carl Gerold's Sohn in Wien, Buchhändler der kaiserl. Akademie der Wissenschaften.) Der blosse Plan konnte hiernach kein Interesse mehr erwecken. Ich hatte anfangs die Absicht, meine phonetischen Zeichen in der neuen Auflage der Grundzüge anzuwenden; aber es hielt mich hievon, abgesehen von den Nachtheilen, die die fundamentale Verschiedenheit der Bezeichnungen in der ersten und zweiten Auflage an und für sich mit sich führen musste, die Thatsache ab, dass von den neuen Zeichen nur ein winziger Letternvorrath existirt und zwar in der k. k. Hof- und Staatsdruckerei in Wien. Würde ich auch die Erlaubnis erhalten haben, denselben leihweise in einer Privatdruckerei verwenden zu lassen, so würde doch vorläufig jede Wiedergabe einer Stelle meines Buches oder eines einzelnen Beispiels sehr erschwert worden sein. Es war gewiss nicht Vorliebe für die Bezeichnungsweise der ersten Auflage, die mich so handeln liefs; ich bin von ihrer Unzulänglichkeit ebenso überzeugt, wie von der aller übrigen Bezeichnungsweisen, welche auf der Anwendung der lateinischen oder griechischen Lettern mit Zuhilfenahme von diakritischen Zeichen beruhen.

Ich habe es unterlassen das Material der neuen Auflage durch zahlreiche Angaben über die Aussprache der einzelnen Buchstaben in fremden Sprachen zu vermehren. Diejenigen Sprachen, die innerhalb meiner Reichweite liegen, sind ohnehin in meiner Abhandlung über phonetische Transscription durch Beispiele vertreten, die den Vortheil einer besseren Bezeichnung bieten und aufserdem den anderen, dass hier die Laute in ihrem sprachlichen Zusammenhange dargestellt sind.

Inhalt.

Vorbemerkungen zur ersten Auflage.

Ein Mitglied der löbl. Redaction dieser Zeitschrift[1]) forderte mich auf, für dieselbe einen Aufsatz zu schreiben, in welchem die Sprachlaute in ihrem natürlichen Zusammenhange nach physiologischen Grundsätzen behandelt würden. Die Gründe, welche es mir zur angenehmen Pflicht machten, dieser Aufforderung nachzukommen, waren verschiedener Art. Ich hatte die schönen Abhandlungen von Rudolf von Raumer gelesen, in welchen in einer so klaren und einsichtsvollen Weise gezeigt wird, dass es, wenn wir einmal an unserer Orthographie ändern wollen, gerathen ist, sie mehr als bisher mit der Aussprache in Übereinstimmung zu bringen, anstatt uns von diesem Ziele alles Schreibens noch weiter zu entfernen. Es schien mir deshalb an der Zeit, für Diejenigen, welche über unsere vaterländische Schreibweise zu Gerichte sitzen, den natürlichen Werth und Zusammenhang der Sprachlaute und ihrer Zeichen offen darzulegen. Man kann bei Forschungen über die Sprachlaute auf zweierlei Arten zu Werke gehen. Man kann die Art und Weise untersuchen, wie sie Nachbarlaute afficiren und von ihnen afficirt werden, und den Veränderungen nachgehen, welche die Laute im Laufe der Zeiten und beim Übergange aus einer Sprache in die andere erlitten haben, um hieraus ihre Attribute herzuleiten. Dies ist der Weg des Sprachforschers. Andererseits kann man directe Beobachtungen und Versuche über die Art und die Bedingungen ihrer Entstehung anstellen und hierdurch eine Einsicht in ihre Natur und ihre Eigenschaften gewinnen. Dies ist der Weg des Physiologen. Beide Methoden können bei richtiger Anwendung nie zu widersprechenden Resultaten führen, wohl aber zu verschiedenen, sich einander ergänzenden, indem der Sprachforscher durch seine Untersuchungen empirisch zu einer Reihe von Gesetzen gelangt, deren Erklärung auf physiologischem Wege gesucht werden muss. Durch die physiologische Betrachtung lernt der Sprachforscher erst die Sprache ganz kennen; so lange er diese aufser Acht lässt, weifs er nur das von der Sprache, was mit den Ohren gehört und mit den Händen geschrieben wird; der wunder-

[1]) Zeitschrift für die Österreichischen Gymnasien.

bare Mechanismus, dem der Flufs der Rede entströmt, bleibt für ihn das verborgene Räderwerk eines Automaten, und doch finden bekanntlich jene Gesetze, welche man früher von der Euphonie abzuleiten pflegte, viel weniger ihren Grund in der Rücksicht auf den Wohlklang als vielmehr in der mechanischen Einrichtung der Organe, welche die einzelnen Sprachlaute hervorbringen und nur in gewissen Verbindungen mit Leichtigkeit und Präcision hervorbringen können.

Es ist zwar anzuerkennen, dass die Sprachforscher sich stets auch um die Lautbildung bekümmert haben, aber man kann bis auf den heutigen Tag nicht sagen, dass ihnen die physiologische Betrachtungsweise recht in Fleisch und Blut übergegangen sei; denn sonst könnten sie nicht Systeme von Sprachlauten aufstellen, in welchen man nicht nur recht auffällige Verstöfse gegen die natürliche Verwandtschaft derselben bemerkt, sondern in denen einfache und zusammengesetzte Consonanten nicht einmal streng von einander geschieden sind. Es sind dies Dinge, deren Tragweite von Tag zu Tag wächst, da eben jetzt die systematische Anordnung der Sprachlaute die Grundlage einer allgemeinen phonetischen Schreibweise werden soll, über welche Sprachforscher und Missionsgesellschaften sich behufs der gleichförmigen Transscription fremder Sprachen unter einander zu einigen wünschen. Streitfragen auf diesem Gebiete müssen deshalb jetzt durch die Betheiligung aller, die dazu mitwirken können, geschlichtet werden, damit sich in die neue Schreibweise nicht Mängel einschleichen, die sich dereinst auf empfindliche Weise fühlbar machen und dann schwerer als jetzt zu beseitigen sein möchten.

Dies sind die Gedanken, welche mich beim Niederschreiben der folgenden Blätter geleitet haben. Das physiologische Material derselben ist gröfstentheils entnommen einer Abhandlung über die Lautbildung und das natürliche System der Sprachlaute, welche ich im März 1849 in den Sitzungsberichten der mathematisch-naturwissenschaftlichen Classe der kaiserlichen Akademie der Wissenschaften veröffentlichte. Als ich die letzten Zeilen jener ersten Abhandlung schrieb, erhielt ich die Nachricht, dass in London unter dem Titel *Essentials of Phonetics* von Alexander John Ellis ein ausgedehntes Werk über diesen Gegenstand mit einer fertig ausgebildeten und bereits praktisch angewendeten Pasigraphie erschienen sei. Ich habe später aus diesem Buche viel Belehrung über die Laute fremder Sprachen geschöpft und gesehen, dass ich in manchen Dingen zu demselben Resultate gekommen war, wie Ellis. Da, wo wir von einander abweichen, habe ich mich bis jetzt nach aufrichtiger Prüfung nicht bewogen finden können, mein System zu ändern, weil ich es für vollständiger gegliedert und symmetrischer geordnet halte. Ich habe ferner Purkiňe's *Badania w przedmiocie fiziologii mowy ludzkiéj* benutzen können, woran ich im Jahre 1849 theils durch Unkenntnis des Polnischen verhindert wurde, theils dadurch, dass ich mir das *Kwartalnik naukowy*, in welchem jene Abhandlung im Jahre 1836 abgedruckt wurde, nicht zu verschaffen wusste. Da sich meine Kenntnis des Polnischen seitdem nicht gebessert hat, so lieh mir der geehrte Hr. Verf. mit gewohnter Freundlichkeit eine schon früher von ihm selbst verfasste deutsche Übersetzung, wofür ich ihm hier meinen herzlichen Dank sage. In Rücksicht auf das Neue, was sonst noch hinzugekommen ist, bin ich mannigfach unterstützt worden. Hr. Prof. Miklosich hat mir nicht nur vielfältige Belehrung über die slavischen Sprachlaute und ihr Verhalten in den verschiedenen Mundarten ertheilt, sondern er hat mich auch mit der merkwürdigen Eintheilung der Sanskritlaute bekannt gemacht, welche in den von Böthling herausgegebenen Scholien zum Panini enthalten ist. Dies ward mir Veranlassung, mit Hilfe von Bopp [2]), Benfey [3]), Böthling [4]) und Max Müller [5]) das Lautsystem des Sanskrit so weit zu studiren, als es ohne Kenntnis der Sprache selbst möglich ist. In Rücksicht auf das Altgriechische hat mir Hr. Prof. Bonitz die Stellen nachgewiesen, an denen uns Nachrichten über Aussprache und Eintheilung der Buchstaben aufbehalten sind. Über die Aussprache des Neugriechischen habe ich Hrn. Maurokordatos, in Rücksicht auf das Polnische Hrn. G. Piotrowski, in Rücksicht auf das Ungarische Hrn. Jendrassik zu Rathe gezogen. Die Aussprache der arabischen Laute ist mir von Hrn. Anton Hassan, Professor des Vulgärarabischen am hiesigen polytechnischen Institute, eingeübt worden, aufserdem habe ich de Sacy's Grammatik benutzt und verdanke namentlich auch Wallin's schöner Abhandlung über die Aussprache des Arabischen [6]), die ich von Hrn. Prof. Miklosich erhielt, vielfache und gründliche Belehrung.

I. Abschnitt.

Geschichtliches.

Bei den Indern hatte der physiologische Theil der Lautlehre schon im Alterthume eine hohe Vollkommenheit, weniger scheint dies bei den Griechen der Fall gewesen zu sein. Später haben die Araber sich viel und gründlich mit

[2]) Grammatik der Sanskritsprache. Berlin. 1834.

[3]) Grammatik der Sanskritsprache. Leipzig, 1852.

[4]) Bemerkungen zur zweiten Ausgabe von Bopp's Grammatik. Petersburg. 1845.

[5]) *The languages of the seat of the war in the east. London, 1855.*

[6]) Über die Aussprache der arabischen Laute und ihre Bezeichnung. Zeitschr. d. deutsch. morgenl. Gesellsch. Bd. IX, S. 1. Leipzig, 1855.

Lautlehre beschäftigt, während das abendländische Mittelalter keine phonetischen Studien aufzuweisen hat. Erst in der neueren Zeit wagte sich die physiologische Lautlehre aus der Studirstube in's Leben hinaus und legte an sich den Prüfstein der praktischen Anwendung. Es lag noch eine weite Kluft zwischen dem Standpuncte, auf dem man über die Sprachlaute allerlei zu schreiben wusste, und dem, wo man ihre wesentlichen Bedingungen so erkannt hatte, dass man den nicht hörenden über dieselben durch Gesichts- und Tastsinn belehren und ihn so der Wohlthat der Sprache theilhaftig machen konnte.

Pietro Ponce, ein spanischer Benedictinermönch, der als Begründer einer Wissenschaft und als der Wohlthäter von vielen Tausenden von Menschen, ja als ihr Erlöser aus der Nacht thierischen Stumpfsinnes genannt werden muss, war der Erfinder des Taubstummen-Unterrichtes. Er starb zu Oña im Jahre 1584, und in dem Todtenregister seines Klosters heifst es von ihm: „*Obdormivit in Domino P. Petrus de Ponce hujus Omniensis domus benefactor, qui inter caeteras virtutes, quae in illo maximae fuerunt, in hac praecipue floruit, ac celeberrimus toto orbe fuit habitus, scilicet mutos loqui docendi*[7]).“

Unter seinen tauben Eleven kennt man noch mit Bestimmtheit zwei Brüder und eine Schwester des Connetable von Castilien, Pedro de Velasco, und den Sohn des Don Gaspar de Guerra, Statthalters, oder nach anderen obersten

---

[7]) *Biographie universelle.* Art. Ponce. Früher muss er in Sahagun gelebt haben, denn Feyjoo Montenegro (vgl. *Theatro critico universal. Madrid, 1759.* Bd. IV, S. 418) nennt ihn einen *hijo del Real Monasterio di Sahagun;* auch soll sich im Kloster San Salvador daselbst ein Schenkungsbrief befinden, durch welchen Ponce demselben Gelder vermachte, die er von wohlhabenden Zöglingen erhalten hatte (vgl. Neumann, Die Taubstummenanstalt in Paris im Jahre 1822. Königsberg, 1827. 8. S. 63). Ebenso nennt ihn Antonio Perez, Abt des Benedictinerklosters in Madrid, in seiner Censur über das später zu erwähnende Werk von Bonet „den Bruder Pedro Ponce von Leon“, in welcher Provinz nicht Oña, wohl aber Sahagun gelegen ist.

Richters von Arragonien. Seine Leistungen müssen nach dem, was glaubwürdige Zeitgenossen berichten, höchst ausgezeichnet gewesen sein, sowohl was die intellectuelle Ausbildung der Schüler, als was ihre Fertigkeit im Sprechen anbelangte.

Er soll eine Schrift über seine Methode verfasst haben, die aber nicht auf uns gekommen ist.

Das älteste Werk, welches wir über den Taubstummen-Unterricht besitzen, ist des Juan Pablo Bonet *„Reduction de las letras y arte para enseñar a hablar los mudos. Madrid. 1620*[8]*).“* Dieses seltene Buch befindet sich hier sowohl auf der kaiserlichen Hofbibliothek als auch auf der Universitätsbibliothek. Der Verfasser war Secretär des Connetable von Castilien, dessen Bruder im Alter von zwei Jahren das Gehör verloren hatte und deshalb taubstumm war. Dies veranlasste ihn zu den Studien, deren Früchte er uns hinterlassen hat.

Im ersten Abschnitt handelt er von den spanischen Sprachlauten, ihren Zeichen und deren Namen und von der Lautirmethode, welche er allgemein für den Leseunterricht empfiehlt, weil sie rascher als das Buchstabiren zum Ziele führe[9]).

Der zweite Abschnitt enthält das unter dem Namen des spanischen bekannte Handalphabet und eine Anweisung für den Sprechunterricht mit der dazu gehörigen physiologischen Lautlehre, welche letztere auf 15 Seiten die Stellung der Mundtheile für die einzelnen Buchstaben beschreibt, indem der Lautwerth derselben bereits im ersten Abschnitte abgehandelt ist.

Unabhängig von den Entdeckungen der Spanier ward die physiologische Lautlehre und ihre praktische Anwendung

---

[8]) Neumann a. a. O. S. 61.

[9]) Das älteste Buch, welches die Lautirmethode empfiehlt, ist nach Heyse (ausf. Lehrb. d. deutsch. Gramm. Hannover, 1838. S. 155) des Valentin Ickelsamer: Von der rechten Weis, aufs Kurzest lesen zu lernen. Marburg, 1534.

in England begründet durch den berühmten Bischof Johann Wallis, der seiner 1653 zuerst erschienenen englischen Grammatik einen *Tractatus grammatico-physicus de loquela* vorsetzte und in den Jahren 1660 und 1661 zwei Taubstumme unterrichtete. Seine Erfolge waren nicht weniger glänzend als die des Ponce, und in einem Briefe an Amman, einen in Holland lebenden Schweizer, der selbständig etwa 30 Jahre später den Taubstummen-Unterricht erfand, erzählt er, dass er einen seiner Zöglinge sogar zum Aussprechen der schwersten polnischen Wörter gebracht habe, die ihm ein polnischer Edelmann vorsagte, so dass dieser selbst den Erfolg bewunderte. Wallis konnte in seiner Lautlehre vermöge seiner Gelehrsamkeit nicht allein auf das Englische, sondern auch auf Lateinisch, Griechisch, Hebräisch, Arabisch, Persisch, Deutsch, Französisch, Cymrisch und Gälisch Rücksicht nehmen.

Mancher Leser mag sich wundern, dass bei der Erzählung von der Erfindung des Taubstummen-Unterrichtes der Name des Abbé de l'Epée nicht genannt wird; aber seine Verdienste beziehen sich nicht auf die Lautlehre, sondern auf die intellectuelle Ausbildung der Taubstummen und die Art, wie er das Interesse mächtiger und einflufsreicher Männer für sie zu gewinnen wusste. Als er den Taubstummen-Unterricht begann, war derselbe bereits durch Pereira einige Jahre zuvor (1745) in Frankreich eingeführt worden, und de l'Epée ist im Gegentheil durch die grofse Ausdehnung, welche er der Zeichensprache einräumte, die Veranlassung zu dem jähen Verfalle des Sprechunterrichtes in Frankreich geworden.

Dagegen sollte die Lautlehre gegen das Ende des achtzehnten Jahrhundertes in Deutschland, und zwar in Wien, noch einen wesentlichen Fortschritt machen durch Wolfgang von Kempelen, der bei seinen Bemühungen, eine sprechende Maschine zu construiren, darauf geführt wurde, nicht allein zu untersuchen, wie der Mensch die Sprachlaute bildet, sondern auch die Bedingungen ihrer Hervorbringung überhaupt zu erforschen. Er war dabei in

Rücksicht auf die Consonanten glücklicher als in Rücksicht auf die Vocale, die erst Robert Willis (1828) auf ihre allgemeinen Bedingungen zurückzuführen begann. Im übrigen aber kann man sagen, dass Kempelen uns eine physiologische Lautlehre hinterlassen hat, an der freilich später mancherlei ergänzt und bisweilen auch gebessert worden ist, die aber so fest begründet war, dass sie den sichersten Unterbau für alle ferneren Forschungen gegeben hat und geben wird. Sein Werk über den Mechanismus der menschlichen Sprache ist eines der besten physiologischen Bücher, welche ich je gelesen habe, und ich empfehle es namentlich den Sprachforschern, welche sich in den rein mechanischen Theil der Lautlehre hineinarbeiten wollen, weil es sich leicht und angenehm liest und bei seiner naiven Ausführlichkeit und seinen vielen Abbildungen keine anatomische und physiologische Vorbildung voraussetzt.

— —

II. Abschnitt.

Kehlkopf und Kehlkopflaute. (*Gutturales verae.*)

Nach diesem kurzen Rückblicke auf die Männer, denen wir die Fundamente unserer Wissenschaft verdanken, muss ich zuerst von dem menschlichen Stimmorgane handeln und den verschiedenen Arten, in welchen dasselbe beim Sprechen in Thätigkeit gesetzt werden kann.

Das menschliche Stimmwerk, das durch einen herzförmigen Knorpel, den sogenannten Kehldeckel, nach oben bedeckt und so beim Schlingen vor dem Eindringen von Speisen geschützt werden kann, besteht aus zwei höchst elastischen, im Kehlkopfe von vorn nach hinten ausgespannten und von aufsen nach innen leistenartig vorspringenden Bändern, den Stimmbändern, welche durch die aus den Lungen hervorgetriebene Luft in Schwingungen versetzt werden und dadurch den Ton der Stimme hervorbringen, wie sie bei den Vocalen und den tönenden Consonanten *b*, *d, g, w,* weiches *s. I consona (Jot), l, r, m, n* und *n nasale* (*n* vor *g* und *k*) gehört wird. Sie leisten hierbei wesentlich denselben Dienst, wie die metallene Zunge im Rohrwerke einer Physharmonika-Pfeife. Sie hemmen, wie diese, periodisch den Durchtritt der Luft, indem sie, durch den Luftstofs auseinandergedrängt, beim Rückschwunge den zwischen ihnen liegenden Spalt, die Stimmritze (*rima glottidis*), nahezu verschliefsen und so die rhythmischen Luftpulsationen hervorbringen, welche, indem sie auf unser Ohr wirken, in uns die Empfindung des Tones erzeugen. Über ihnen, zwischen ihnen und dem Kehldeckel, befinden sich in einer Entfernung von $^1/_8$ Zoll zwei Hautfalten, die, weil sie den Stimmbändern äufserlich ähnlich sind, früher als obere Stimmbänder bezeichnet wurden; jetzt nennt man sie, da man weifs, dass sie keine Töne geben, die falschen Stimmbänder.

Die wahren Stimmbänder schwingen und tönen beim Sprechen aber auch nur, wenn ihre freien gespannten Ränder einander so genähert sind, dass die zwischen ihnen liegende Öffnung, die Stimmritze, einen schmalen Spalt bildet. Diese Lage kann ihnen jederzeit durch die Wirkung der Muskeln des Kehlkopfes gegeben werden, aber eben so lassen sie sich durch Muskelwirkung weit von einander entfernen, so dass sich zwischen ihnen eine weite Öffnung befindet, aus der die Luft geräuschlos hervorströmt. Dies geschicht z. B. wenn man ein *f*, hartes *s* oder ein sogenanntes *ch* hervorbringt, wenn man diese Consonanten in *straff, weifs, brauch* ausspricht.

Es steht auch in unserer Macht, die Stimmritze weder bis zum Tönen zu verengen, noch sie so weit zu öffnen, dass die Luft ganz frei herausströmt. Wir können sie so verengen, dass die Stimmbänder zwar nicht in tönende Schwingungen versetzt werden, aber doch die Luft, indem sie an ihnen vorüberströmt, ein deutliches, feines Reibungsgeräusch hervorbringt. Dieses Geräusch ist es, durch welches wir beim Flüstern den Ton der Stimme ersetzen, um auch beim leisen, ganz tonlosen Sprechen diejenigen Buchstaben, welche beim lauten Sprechen den Ton der Stimme haben, von denen zu unterscheiden, welchen derselbe nicht zukommt; denn auch beim Flüstern unterscheiden wir hartes und weiches *s*, *f* und *w*, *j* und *ch* u. s. w.

Zwischen den beiden zuletzt beschriebenen Stellungen der Stimmbänder, der weit offenen und der stark verengten, liegt diejenige, vermöge welcher wir das *h* hervorbringen. Ich habe in der ersten Auflage dieses Buches und auch in meiner neuen Methode der phonetischen Transscription [10]) diese Stellung nicht von der weit offenen Stimmritze unterschieden. Da aber Joh. Czermak angab [11]), dass er die Stimmritze beim *h* mehr oder weniger verengt finde, so habe ich die Sache von Neuem untersucht und seine damaligen Angaben bestätigt gefunden.

Man darf sich nicht damit begnügen, sich, während man den Kehlkopf im Spiegel beobachtet, *ha*, *hä*, *he* vorsprechen zu lassen; dann beginnt der Hauch immer mit ganz weiter Stimmritze, und die Stimmbänder nähern sich einander bis der Vocal anlautet. Man weiſs dann noch nicht, welches die wesentliche, die nothwendige Stellung für das gewöhnliche *h* der Deutschen ist, weil die Stimmbänder durch eine Reihe von Stellungen durchgegangen sind. Man muss den zu Untersuchenden einüben, das *h* vocallos wie beim Lautiren und continuirlich hervorzubringen; dann wird man bemerken, dass sich die Stimmritze stets mäſsig verengt, mehr oder weniger, je nach der Lautfärbung des *h*, und verengt bleibt, so lange das *h* lautet.

Wenn die Luft unter dem Ausathmungsdrucke zur weit offenen Stimmritze herausflieſst, so giebt sie allerdings mit ihrem Anfall an die Wände der Rachen- und Mundhöhle auch ein Geräusch, welches den Charakter des *h* an sich

---

[10]) Sitzungsberichte der phil.-hist. Classe der Wiener Akademie der Wissenschaften, XLI. Band, S. 223.
Im Sonderabdruck: Wien bei Carl Gerold's Sohn, 1863.

[11]) Physiologische Untersuchungen mit Garcia's Kehlkopfspiegel. Sitzungsber. d. math.-nat. Classe der Wiener Akademie, Bd. XXIX, p. 557.

trägt, aber dieses Geräusch ist bei einem Ausathmungsdrucke, wie er beim Sprechen gewöhnlich statthat, ausserordentlich schwach. Um den Hauch akustisch zu verstärken, wird die Stimmritze bis zu einem gewissen Grade verengt, damit sich die Luft an den Rändern der Stimmritze reibe und ein Geräusch gebe. Dies geschieht schon beim gewöhnlichen *h* der Deutschen.

Aber dies Verengen darf nur bis zu einer gewissen Grenze gehen; treibt man es weiter, so verliert das Geräusch den Charakter des *h* und wird demjenigen ähnlich, welches man hört, wenn man Wasser in einem nicht zu großen metallenen Gefäfse allmählich bis zum Sieden erwärmt. Dies ist jetzt die Flüsterstimme, die *vox clandestina* [12].

Die Qualität und Stärke des *H*-Lautes hängt aber bei ein und demselben Ausathmungsdrucke noch von etwas anderem ab, als von der jeweiligen Weite des Kehlkopfausganges. Schon beim gewöhnlichen *h* der Deutschen zeigt sich, wie die Kehlkopfspiegel-Beobachtung lehrt, je nach der Art, in welcher es hervorgebracht wird, mehr oder weniger Neigung, den Kehlkopfausgang zu verengern, indem der Kehldeckel den Giesbeckenknorpeln angenähert wird. Ganz entschieden und kräftig aber tritt diese Verengerung des Kehlkopfausganges ein bei dem sogenannten starken *H* der Araber, dem ح, das in den Grammatiken gewöhnlich als *Hha* benannt wird. Schon J. Czermak, dem Professor Hassan dieses *Hha* eingeübt hatte, hat dies an sich selbst

---

[12]) In meiner phonetischen Transscription habe ich nur ein Zeichen, welches offene Stimmritze und Kehlkopfstellung zum *h* bezeichnet. Ich schlage vor, es für die weit offene Stimmritze beizubehalten und für *h*, oder richtiger für die Kehlkopfstellung zum *h*, ein anderes einzuführen, nämlich den von unten und links nach oben und rechts aufsteigenden Haarstrich, der sich unter den Bestandtheilen der Vocalzeichen befindet, und der mit dem Zeichen für den vocalisch offenen Mundcanal (unbestimmter Vocal) ein lateinisches *V* bildet, so dass dieses in der Transscription dem Buchstaben *h* entsprechen würde. Bei der Art, wie meine Schrift geschnitten ist, bekommt dies *V* die beste Gestalt, wenn man den Stock, auf dem sich der Haarstrich befindet, umkehrt.

beobachtet. Durch die doppelte Enge, eine in der Stimmritze, die andere im Kehlkopfausgange, bekommt der Laut etwas Heiseres, obgleich er akustisch kräftiger ist als das gewöhnliche *h*, das ه der Araber. Es wird angegeben, man solle, um ihn zu erlernen, den Laut beachten, welcher entsteht, wenn man in die Hände haucht, als ob man sie erwärmen wollte. Ich halte die Verengerung des Kehlkopfausganges zur Hervorbringung des charakteristischen Lautes für noch wesentlicher, als das gleichfalls schon von Czermak beobachtete ecksteinartige Vorspringen der Stimmfortsätze der Giesbeckenknorpel, durch welches die Stimmritze unvollkommen in eine vordere und hintere Abtheilung geschieden wird.

Aufser diesen Arten des Hauches hat, so viel ich weifs, Purkiňe zuerst noch eine andere, den leisen Hauch, unterschieden, von welchem er glaubt, dass er dem *Aleph* der alten semitischen Sprachen, dem *spiritus lenis* des Griechischen, dem *h non aspiré* der Franzosen und dem gelinden *h* am Anfange vieler englischen Wörter entspreche. Er bezeichnet ihn näher als den Hauch', der jedem Vocale vorhergeht, welcher mit anfangs offener Stimmritze gesprochen wird. Beim vocalischen Anlaut kann man plötzlich und ohne allen vorhergehenden Hauch den Ton in seiner ganzen Stärke erscheinen lassen. Das geschieht, wenn man die Stimmritze vorher verschliefst, so dass die Stimmbänder sofort, wenn sie vom Luftstrome durchbrochen wird, ansprechen. Es geschieht das im Deutschen regelmäfsig bei jedem rein vocalischen Anlaute. Dieser Stimmritzenverschlufs ist das *Hamze* der Araber, und, wir haben allen Grund dies vorauszusetzen, auch der *spiritus lenis* der Griechen; wenigstens ist es der *spiritus lenis* unserer Schulaussprache. Man kann zweitens dem Vocal durch die geöffnete Stimmritze das *h* vorhergehen lassen, den *spiritus asper* der Griechen. Wenn man diesen Procefs mit dem Kehlkopfspiegel verfolgt, so sieht man sich die Stimmbänder der weit offenen Stimmritze wie ein paar Coulissen gegen einander bewegen. Während dieser Bewegung bringt die ausströmende Luft das *h* hervor und wenn die Stimmbänder einander hinreichend genähert sind, so dass sie von der Luft in Schwingungen versetzt werden, dann setzt der Vocalton ein.

Endlich kann man den Vocalton bei zum Tönen verengter Stimmritze entstehen lassen, indem man den Ausathmungsdruck allmählich steigert. Dann geht ihm ein sehr leises Geräusch vorher, das die Luft beim Ausfliefsen aus der Stimmritze macht, ehe die Stimmbänder in Schwingungen gerathen sind. Dies ist, wie mir scheint, der leise Hauch von Purkiňe. Als besonderes, qualitativ charakterisirtes Sprachelement führe ich ihn deshalb nicht auf, weil er nicht für sich allein hervorgebracht werden kann, ohne bei rascherem Ausflufs der Luft je nach dem Zustande der Stimmritze in die Flüsterstimme oder den Stimmton oder in das *h* überzugehen.

Im Flufse der französischen Rede werden in der Regel die anlautenden Vocale nicht wie im Deutschen aus der verschlossenen, sondern direct aus der zum Tönen verengten Stimmritze angesprochen. Damit hängt es zusammen, dass die Grenzen der Wörter verwischt werden, indem der Endconsonant des vorhergehenden Wortes, selbst wenn er sonst stumm sein würde, sich wie anlautend dem anlautenden Vocale anfügt. So sind die Endconsonanten in *les, donner* u. s. w. nur stumm durch den Auslaut: sie kommen sogleich zur Erscheinung, sobald ein Wort mit vocalischem Anlaute folgt, dem sie sich anfügen können, wie dies z. B. in *les amis* geschieht, indem man *lesami* nach unserer Bezeichnung spricht.

Mit der Art, wie der anlautende Vocal angesprochen wird, hängt es auch zusammen, dass der Artikel vor ihm seinen Endvocal verliert, dass es *l'or* und nicht *le or* heifst. Dasselbe ist beim *h non aspiré* der Fall: *l'habit*, nicht *le habit*. Aber mit einem eigenen selbständigen Sprachelemente haben wir es hier nicht zu thun.

Ich muss in diesem Abschnitte noch das niedersächsische Kehlkopf-*R* und das *Ain* der Araber erwähnen.

Wenn man einen immer tieferen und tieferen Ton zu

singen sucht und dabei vermöge der wachsenden Abspannung seiner Stimmbänder zuletzt die untere Grenze seines Stimmumfanges überschreitet, so wird man bemerken, dass die Stimmbänder nicht mehr in der gehörigen Weise tönen, sondern in einzeln vernehmbaren Stöfsen zittern und dadurch ein Geräusch hervorbringen, welches, wenn man es mit der Vocalfolge *oa oa oa* verbindet, dem Quaken der Frösche nicht unähnlich ist. Dieser Laut, den ich in meiner ersten Abhandlung Zitterlaut des Kehlkopfes benannt habe, gehört auch nicht den wahren Consonanten an, da er, wie das *h*, bereits im Kehlkopfe und nicht erst in der Mund- oder Rachenhöhle gebildet wird; aber er kann einen der Consonanten, nämlich das *r*, vertreten, wie dies im Plattdeutschen, wenigstens in der Mundart von Neuvorpommern und Rügen, in den Wörtern *ōrt* (Art), *wūrt* (Wort), *dūrt* (Dorothea) u. s. w. der Fall ist.

Der Laut wird, wie ich mich mittelst des Kehlkopfspiegels überzeugt habe, mit den wahren Stimmbändern gebildet, der Kehlkopfausgang kann dabei weit offen sein und die sogenannten oberen oder falschen Stimmbänder weit von einander entfernt. Man kann dann das Zittern der wahren Stimmbänder leicht und deutlich beobachten. Dieses Kehlkopf-*R* der Niedersachsen ist zugleich das *soft R* der Engländer, wie es in *bird, beard, pier* und anderen Wörtern lautet. Die Angabe englischer Grammatiker und Orthoëpisten, dass das *soft R* am Gaumensegel oder mittelst der Zungenwurzel hervorgebracht werde, muss ich nach meinen Erfahrungen als unrichtig bezeichnen.

Ich habe den Zitterlaut des Kehlkopfes in meiner ersten Abhandlung und in der ersten Auflage dieses Buches mit dem Zeichen ζ bezeichnet. Es ist dies, so wie alle Zeichen, die ich noch ferner aus dem griechischen Alphabet entlehnen werde, ein rein willkürliches, bei dem man von seiner ursprünglichen Bedeutung gänzlich absehen muss. Ich benutzte die griechischen Buchstaben, weil das lateinische Alphabet nicht ausreichte, und ich sicher nur solche Zeichen anwenden wollte, wie sie in jeder Druckerei vorhanden sind.

Wenn man den erwähnten Laut hervorbringt und dann mit dem Ton der Stimme in die Höhe geht, aber doch das Zittern beizubehalten sucht, so erzeugt man, unter dem Gefühle von leichtem Druck in der Kehle, einen harten, knarrenden Ton, fast wie das Knarren einer Thüre oder das Knarren eines Stiefels: dies ist das *Ain* der Araber. Dasselbe ist mit dem Blöcken der Kälber verglichen worden, und es liegt darin auch etwas Wahres, nur darf man sich unter dem *Ain* keinen thierischen, für den Occidentalen unerhörten Laut vorstellen. Ich habe das *Ain* oft genug im vocalischen Anlaute unserer deutschen Muttersprache gehört, theils von Personen, die in ihrer Aussprache affectiren, theils von solchen, die auf dem Katheder oder auf der Bühne durch Verhärtung des Timbre ihrer Stimme eine gröfsere Tragweite zu geben suchen.

Das *Ain* (ع) wird wie das Kehlkopf-*R* mit den wahren Stimmbändern hervorgebracht, aber während sie beim Kehlkopf-*R* mit einander genäherten Rändern und wenig gespannt von dem ausfliefsenden Luftstrom in schlotternde Bewegung gesetzt werden, sind sie hier aneinander gepresst, jedoch nicht so, dass sie nicht die Luft stofsweise in kleinen Massen durchtreten liefsen. Wenn man die Lippen gegeneinander presst, so kann man durch Heraustreiben der Luft zwischen ihnen einen knarrenden Laut erzeugen. Man denke sich, die Stimmbänder spielten die Rolle, die hierbei die Lippen spielen: dann hat man eine richtige Vorstellung von der Mechanik des *Ain*.

Ich habe früher mit J. Czermak den Theilen, die den Kehlkopf schliefsen, einen wesentlichen Theil an der Lauterzeugung zugeschrieben, denn bei Czermak schlofs sich beim *Ain* der Kehlkopfausgang so weit, dass er nur stofsweise durch die einzelnen Explosionen, welche das *Ain* zusammensetzen, geöffnet wurde. Später hat mich aber Dr. Semeleder, der sich längere Zeit mit der arabischen Sprache beschäftigt hatte und auch Professor Hassan's Schüler war, überzeugt, dass man noch ein *Ain* hervorbringen kann, wenn der Kehlkopfausgang zwar nicht weit offen, aber doch permanent offen ist, so dass in ihm selbst keine entsprechende Lauterzeugung mehr stattfinden kann.

ح und ع haben mit einander gemein den verengerten Kehlkopfausgang und unterscheiden sich nur dadurch, dass beim ح die Stimmritze eine permanente Öffnung bietet, durch welche die Luft tonlos, mit einem bloſsen Reibungsgeräusche ausflieſst.

So geschicht es, dass man, wenn man das Tönende im ع zu unterdrücken sucht, leicht in den Laut von ح verfällt, und umgekehrt, wenn man beim ح versucht, die Stimme anlauten zu lassen, wie schon Wallin (Zeitschrift der morgenl. Gesellschaft B. XII, bemerkt, ein ع hervorbringt.

III. Abschnitt.

Die Vocale.

A. Die einfachen Vocale.

In der gewöhnlichen Sprache hat das *u* einen tieferen Ton als das *i*, und wenn man die Vocale in der Ordnung *u*, *o*, *a*, *e*, *i* hervorbringt, so steigt der Ton allmählich auf. Sopransängerinnen können im Bereich ihrer höchsten Töne noch *a* *e* und *i*, aber nicht mehr *u* hervorbringen. Diese Erscheinungen veranlassten die Vorstellung, dass der wesentliche Unterschied der Vocale in der Tonhöhe liege. Auch Kempelen war, als er die erste Sprechmaschine baute, dieser Ansicht: aber er überzeugte sich bald vom Gegentheile. „Eine jede Pfeife“, sagt er, „groſs und klein, die ich nur immer ansprechen lieſs, gab immer ein *a*, nur dass es nach Verhältnis der Pfeifengröſse in einem bald höheren, bald tieferen musikalischen Tone lautete, aber beständig ein *a* blieb.“ Es gelang ihm später einigermaſsen Vocale hervorzubringen, indem er an sein Stimmwerk einen Kautschuktrichter ansetzte, dessen vordere Öffnung er durch die in verschiedener Weise vorgehaltene Hand theilweise verschloſs.

Ungefähr zu derselben Zeit gelang es Kratzenstein[13]) die verschiedenen Vocale hervorzubringen, indem er an ein Zungenwerk verschieden gestaltete Ansätze befestigte. Er bediente sich hierbei zuerst einer Zunge, die nicht, wie dies bei der sogenannten *Vox humana*, einem mit wenig Recht der Menschenstimme verglichenen System von Zungenpfeifen an den Orgeln, der Fall war, an den Rahmen anschlug, sondern frei in demselben hin und her schwang, weil er fand, dass der Ton derselben weicher und der menschlichen Stimme ähnlicher war; eine Erfindung, die später von Verfertigern musikalischer Instrumente angewendet worden ist.

Damit war man wohl zur praktischen, aber nicht, was in diesem Falle wichtiger war, zur theoretischen Lösung des Problems gelangt. Es war einem Engländer, R. Willis, vorbehalten, uns diesem Ziele näher zu bringen. Er fand, dass eine Uhrfeder, welche die Zähne eines sich drehenden Zahnrades berührte, bei einer gewissen Länge den Vocal *a* gebe. Spannte er sie kürzer ein, so gieng dieser Vocal in *e* und *i* über, spannte er sie länger ein, in *o* und *u*. Wurde das Rad schneller oder langsamer gedreht, so erhöhte und vertiefte sich der Ton, aber der Vocal gieng nicht in einen andern über. Betrachten wir, was hier geschah. Jedesmal, wenn die Uhrfeder von einem Zahne absprang, gab sie der Luft einen Impuls, der auf unser Ohr übertragen wurde. Diese Impulse heifsen bei Willis die primären, und von der Geschwindigkeit, mit welcher sie einander folgen, hängt die Höhe des Tones ab; wird also das Rad schneller gedreht, so erhöht sich der Ton, wird das Rad langsamer gedreht, so vertieft er sich. Nachdem aber die Feder von einem Zahn abgeglitten ist, so kommt sie nicht sofort zur

---

[13]) *Tentamen resolvendi problema ab academia scientiarum Petropolitana ad annum 1780 publice propositum: 1. Qualis sit natura et character sonorum litterarum vocalium* a, e, i, o, u *tam insigniter inter se diversorum. 2. Annon construi queant instrumenta ordini tuborum organicorum, sub termino vocis humanae noto similia, quae litterarum vocalium* a, e, i, o, u *sonos exprimant. Petropoli, 1781.*

Ruhe, sondern sie schwingt wie jeder angestoſsene elastische Körper um ihre Gleichgewichtslage hin und her. Diese Schwingungen erzeugen die von Willis sogenannten secundären Impulse. Letztere folgen einander rascher, wenn die Feder kurz eingespannt ist, langsamer, wenn dieselbe Feder länger eingespannt wird. Man kann sich hiervon überzeugen, wenn man die eingespannte Feder einfach mit dem Daumennagel aus ihrer Gleichgewichtslage bringt und sie dann zurückschwingen lässt. Hier hört man den sogenannten eigenen Ton der Feder, der bei derselben Feder um so höher ausfällt, je kürzer sie eingespannt ist. Beim Drehen des Rades wird er offenbar so oft wiederholt, als die Feder von einem Zahne abschnappt. Dieser eigene Ton der Feder ist es also, dessen Höhe nach Willis den Vocalcharakter bedingt. Eine gewisse Höhe desselben giebt *i*, eine geringere *e*, eine noch geringere *a*, eine noch geringere *o* und eine noch geringere *u*.

Beim Sprechen und Singen werden die Vocale durch Verlängerung und Verkürzung und anderweitige Gestaltveränderung des Ansatzrohres hervorgebracht, welche dem menschlichen Stimmwerke, dem Kehlkopfe, in Gestalt der Rachen- und Mundhöhle mitgegeben sind. Demgemäſs fand Willis, dass man auch durch Verlängerung und Verkürzung eines künstlichen Ansatzrohres die Vocale *i*, *e*, *a*, *o*, *u* erhalten könne, wenn man dasselbe an ein Stimmwerk mit frei durchschlagender Zunge ansetzt. Wie vorher ein einzelner Stoſs gegen die Uhrfeder schon einen musikalischen Ton repräsentirte, so repräsentirt hier ein einzelner Impuls der metallenen Zunge bereits einen musikalischen Ton, indem die Luftwellen in der Längsrichtung der Röhre hin und her reflectirt werden, und dadurch die secundären Pulsationen entstehen, die bei der Uhrfeder von den Schwingungen repräsentirt wurden, durch welche sie in ihre Ruhelage zurückkehrte. Wie vorhin die Höhe des durch sie gegebenen Tones und somit der Vocallaut von der Länge der Uhrfeder abhing, so hängt er jetzt von der Länge der Röhre ab, denn diese bestimmt die Geschwindigkeit, mit der die secundären Pulsationen einander folgen. So weit die Theorie von Willis. In der That erklärt sich nach ihr, dass in den hohen Tönen des Soprans kein *u* mehr hervorgebracht werden kann, weil die Periode der primären Pulsationen für dasselbe zu kurz wird im Vergleich zur Periode der secundären Pulsationen. Es erklärt sich auch, weshalb in der gewöhnlichen Sprache der Ton, mit dem die Stimme beim *i* tönt, etwas höher ist, als der, womit sie beim *u* tönt; denn es ist bekannt, dass bei allen Zungenpfeifen der eigene Ton des Ansatzrohres auf das Rohrwerk zurückwirkt und die Schwingungsdauer der Zunge modificirt. Man könnte auf den ersten Anblick einwenden, dass ja zur Hervorbringung der Vocale gar kein Ton nothwendig ist, dass man sie auch ohne Ton der Stimme, beim Flüstern, eben so gut unterscheidet wie beim lauten Sprechen; aber dieser Einwand zerfällt bei näherer Betrachtung. Beim Geräusche sind so gut Impulse vorhanden wie beim Ton, sie folgen nur nicht wie bei diesem in gleichmäfsigen Intervallen, ja überhaupt nicht nach einer bestimmten Periode auf einander. Von dieser Periode der primären Impulse ist aber auch nach Willis nur die Tonhöhe abhängig, nicht die Natur des Vocals. Für diese letztere ist es also auch ganz gleichgiltig, ob überhaupt ein Rhythmus in den primären Pulsationen wahrnehmbar ist oder nicht; sie hängt lediglich ab von dem Echo, welches die primären Pulsationen in der Mundhöhle finden, von der Periode der secundären Pulsationen, die von jeder einzelnen primären Pulsation nach unwandelbaren Gesetzen hervorgerufen werden, und von dem Vorhandensein einer Periodicität in den primären Pulsationen vollkommen unabhängig sind.

Der Schritt, den Willis gemacht hatte, blieb nicht ohne wichtige Folgen. Wheatstone gab darüber im Jahre 1837 in der London und Westminster Review einen kritischen Bericht, und durch seine Arbeiten und durch die von Helmholtz und von Donders ist die jetzige Vocaltheorie ausgebildet worden. Sie beruht grofsentheils auf den Lehren, welche Ohm, Brandt und Helmholtz in die neuere Akustik eingeführt haben. und es würde in den Rahmen dieses Buches nicht passen, wenn ich sie hier ausführlich wiedergeben wollte. Das Buch würde dadurch auf das Doppelte anschwellen, da es nicht nur nöthig sein würde, die Theorie selbst auseinanderzusetzen, sondern auch die Voraussetzungen zu begründen, auf denen sie ruht. Ich muss deshalb auf Helmholtz' berühmte „Lehre von den Tonempfindungen als physiologische Grundlage für die Theorie der Musik" verweisen, wo sie mit allen ihren Grundlagen entwickelt ist. Ich will aber doch versuchen, dem Leser zu sagen, um was es sich handelt.

Unser Gehörnerv besteht aus einer sehr grofsen Anzahl von Fasern. Diese Fasern sind nicht gleichwerthig; jede von ihnen giebt uns, wenn sie dauernd erregt wird, die Empfindung eines Tones, aber der Ton ist für die einen höher, für die andern tiefer, je nach den Theilen mit denen sie im Gehirne in Zusammenhang stehen. Die Empfindungen der Töne von verschiedener Höhe erwachsen uns also dadurch, dass verschiedene Fasern oder, wie es thatsächlich ist, Gruppen von Fasern unseres Hörnerven erregt werden.

Wie geschieht es nun, dass, je nach der Höhe der objectiven Töne, das heifst je nach der Anzahl der Schwingungen, die sich in einer Secunde vollziehen. oder, correcter ausgedrückt, je nach der Geschwindigkeit, mit der die Schwingungen, die wie ebensoviel Stöfse an unser Ohr schlagen, einander folgen, das eine Mal diese, das andere Mal jene Nervenfasern erregt werden?

Die Nervenfasern endigen sämmtlich in kleinen Gebilden, die auf einer aus nebeneinander liegenden, ihrer Länge nach gespannten Fasern gebildeten Membran liegen. Diese Fasern verhalten sich wie ebenso viele Saiten von verschiedener Länge und verschiedener Spannung. Wenn nun ein Ton von bestimmter Höhe das Ohr trifft, so versetzt er nicht alle diese Saiten gleichzeitig in Schwingungen, sondern nur diejenigen, deren Stimmung vermöge ihrer Länge und Spannung seiner Höhe entspricht, ähnlich wie in ein offenes Clavier kräftig hineingesungene Töne nicht alle Saiten, sondern nur bestimmte Saiten zum Mittönen bringen.

Die so in Schwingung versetzten Fasern unserer Membran erschüttern nun die Nervenfasern, welche auf ihnen endigen; die übrigen bleiben in Ruhe. So geschieht es, dass ein Ton von bestimmter Höhe nur bestimmte Nervenfasern in Erregung versetzt.

Es ist aber hierbei noch Eines zu bemerken: Der Ton der Menschenstimme und der der meisten musikalischen Instrumente ist etwas sehr Complicirtes. Er enthält Impulse, theils stärkere, theils schwächere, für eine Reihe von einfachen Tönen, deren Schwingungszahlen sich untereinander verhalten, wie die Zahlen 1, 2, 3, 4, 5 u. s. w. Der tiefste von ihnen heifst der Grundton, und nach ihm werthet das Ohr den Ton musikalisch aus, bestimmt seinen Ort in der Tonleiter; die anderen heifsen die Obertöne. Der erste Oberton ist also die nächst höhere Octave, der zweite die Duodecime und so fort. Die Obertöne werden in der Regel nicht für sich beachtet, obgleich sie für die Qualität des Klanges, für die Klangfarbe, sehr wesentlich sind, ja diese geradezu bedingen. Ein Orchester *a* ist für den Musiker ein Orchester *a*, gleichviel ob es von einer Flöte, oder von einer Violine angegeben wird, weil in beiden Fällen die Schwingungszahl des Grundtons dieselbe ist; aber die Anzahl und die Stärke der Obertöne ist eine sehr verschiedene, und daher der grofse Unterschied, welchen unser Ohr in der Qualität des Tones findet; denn es werden in ihm nicht nur bestimmte Nervenfasern vom Grundtone erregt, sondern auch andere und andere Gruppen von Nervenfasern durch die Obertöne.

Es giebt nun ein leichtes Mittel, einzelne dieser Obertöne vor anderen und auch dem Grundtone gegenüber zu verstärken. Wenn wir eine Flasche, über deren Mündung wir eine Stimmgabel schwingen lassen, weiter und weiter mit Wasser füllen, so kommen wir an eine Grenze, bei der wir den Ton der Gabel am stärksten hören. Wenn wir diese Grenze überschreiten, so wird er wieder schwächer.

An ihr angelangt sagen wir die Flasche, oder richtiger gesagt, der in ihr noch übrig gebliebene Hohlraum, sei nun für den Ton der Stimmgabel abgestimmt. Jeder Hohlkörper ist für irgend einen Ton abgestimmt, und für jeden giebt es eine Stimmgabel, deren Ton er mehr verstärkt, als den aller übrigen. Wenn nun ein solcher Hohlkörper einen zusammengesetzten Klang auffängt, so wird er unter allen Einzeltönen denjenigen, für den er abgestimmt ist, seinen Eigenton, wie wir uns ausdrücken, besonders verstärken, gleichviel ob er Grundton ist oder Oberton. Hierauf beruhen die von Helmholtz in Anwendung gebrachten sogenannten Resonatoren, Hohlkörper von verschiedenen Dimensionen, welche man sich an's Ohr setzt, um aus Klängen einzelne Töne besser herauszuhören.

Setzt man Hohlkörper von verschiedener Gestalt und von verschiedenen Dimensionen an ein Zungenwerk, so kann man dadurch, indem man einen oder den anderen Oberton verstärkt, den Klang desselben wesentlich verändern. Dies geschah in den Versuchen von Kratzenstein, von Kempelen und von Willis. Der Weg, den sie einschlugen, war derselbe, wie derjenige, welchen wir täglich und stündlich einschlagen, wenn wir Form und Dimensionen des Ansatzrohres, das auf unser Stimmwerk gesetzt ist, unsere Mund-Rachenhöhle, verändern, um im Klange unserer Stimme einen bestimmten Oberton zu verstärken und den Klang dadurch qualitativ so zu verändern, dass er uns nicht mehr den Eindruck des bloſsen Stimmtons, sondern den Eindruck eines bestimmten Vocals macht. Der jeweilig verstärkte Oberton heiſst der charakteristische Ton des gesprochenen Vocals.

Wie findet man nun die charakteristischen Töne der einzelnen Vocale? Wie kann man sie musikalisch auswerthen?

Donders fand, dass, wenn man die Vocale flüsternd hervorbringt, so dass man nicht durch den Ton der Stimme beirrt ist, man in jedem von ihnen einen Ton von anderer Höhe erkennt, der sich musikalisch bestimmen lässt. Dieser Ton war der charakteristische Ton des Vocals, denn er war der Eigenton der für den charakteristischen Vocal abgestimmten Mundhöhle. Helmholtz analysirte die gesungenen Vocale mittelst seiner Resonatoren, um den charakteristisch verstärkten Oberton herauszufinden, und setzte auch künstliche Vocale zusammen, mittelst Stimmgabeln, die er durch elektromagnetische Wirkung in dauerndes Tönen versetzte.

Endlich wurde die Stimmung der Mundhöhle durch vorgehaltene Stimmgabeln direct untersucht, ähnlich wie man die Stimmung eines Resonators untersuchen kann, indem man eine Reihe verschiedener Stimmgabeln über demselben schwingen lässt, und erforscht, welchen Ton er am meisten verstärkt.

In Rücksicht auf die einzelnen Noten sind Helmholtz und Donders nicht zu ganz gleichen Resultaten gekommen, und König, der ausgezeichnete Verfertiger akustischer Instrumente, weicht von beiden ab. Aber man kann hier nicht ohne Weiteres in jeder Abweichung einen Irrthum auf der einen oder der anderen Seite suchen; denn kleine dialectische Verschiedenheiten können schon beträchtlichen Verschiedenheiten im charakteristischen Ton entsprechen. *J* hat den höchsten charakteristischen Ton, *U* den tiefsten. Deshalb ist es in der Composition verpönt, auf eine Textsylbe mit *U* eine hohe Note zu setzen. Bei Vocalen, wo die hochgehobene Zunge die Mundhöhle in zwei verschiedene Abtheilungen theilt, werden zwei charakteristische Töne unterschieden.

Nach diesen Vorbemerkungen kann ich zur Hervorbringung der Vocale durch die Sprachwerkzeuge des Menschen übergehen. Nehmen wir zuvörderst an, dass sie möglichst deutlich und klingend, mit sogenannter heller Resonanz hervorgebracht werden sollen, und beginnen wir beim *u*.

U.

Hier ist das Ansatzrohr am meisten verlängert, indem sich der Kehlkopf nach abwärts senkt und die Mundwinkel sammt den Lippen vorgeschoben werden. Zugleich ist die Mundöffnung, also das offene Ende des Ansatzrohres, verengt. Wir können zwar auch, wie schon Purkiňe bemerkt, bei der gewöhnlichen Stellung der Lippen und mäfsiger Öffnung des Mundes ein *u* hervorbringen, aber dann muss der Kehlkopf noch tiefer gesenkt werden, weil die vordere Verlängerung des Ansatzrohres wegfällt, und doch erhält das *u* nicht jene klangvolle Deutlichkeit wie vorher. Ich will das auf die letztere Art gebildete *u* als das unvollkommen gebildete bezeichnen.

Hält man den Mund auch nur mäfsig geöffnet und zerrt mit den Fingern die Mundwinkel gegen die Ohren hin, so lässt sich gar kein *u* mehr hervorbringen, weil dadurch das Ansatzrohr vorn so viel an Länge verliert, dass dies nicht mehr durch weiteres Senken des Kehlkopfes eingebracht werden kann. Nähert man aber Kiefer und Lippen einander, so dass nur noch neben den in die Mundwinkel gebrachten Fingern oder auch nur neben einem derselben eine Öffnung bleibt, so kann man wieder ein *u* sprechen. Hier ersetzt also die Verengerung der Ausflufsöffnung die mangelnde Verlängerung des Ansatzrohres, indem sie den Eigenton des Hohlkörpers tiefer stellt. In Übereinstimmung damit sehen wir, dass Kinder ihre Mundöffnung beim *u* stärker verengern als Erwachsene, um bei den kleineren Dimensionen ihrer Mund-Rachenhöhle doch die nöthige Tiefe der Stimmung zu erreichen.

Beim *u* wird stets die Zungenwurzel den hinteren Gaumenbögen genähert; dies ist aber eine nothwendige Folge des Herabsinkens des Kehlkopfes, und es muss deshalb zweifelhaft bleiben, ob es an und für sich wesentlich zur Erzeugung des Vocallautes beiträgt.

I.

Beim *i* ist das Ansatzrohr am kürzesten, indem der Kehlkopf am höchsten steht und durch Verbreiterung des Mundes, durch Zurückziehen der Mundwinkel, auch nach vorn zu eine Verkürzung eintritt. Zugleich aber ist der Theil des Mundcanals, der zwischen dem Zungenrücken und dem harten Gaumen liegt, stark verengt, indem die Zunge sich zu beiden Seiten an den Gaumen anlegt und nur in der Mitte eine Rinne für die durchströmende Luft bildet.

Mit der Bildung dieser Enge hängt wahrscheinlich die starke Resonanz der Kopfknochen zusammen, die beim *i* von der auf dem Scheitel aufgelegten Hand stärker als bei irgend einem anderen Vocal gefühlt wird. Herr Deutsch, Director des hiesigen israelitischen Taubstummen-Institutes, machte mich auf dieselbe aufmerksam. Sie wird beim Sprechunterrichte benutzt, um den Taubstummen ein tastbares Zeichen zu geben, nach dem sie sich das *i* einüben können.

Wenn man die Lippen wie zum *u* vorschiebt und zurundet, so ist es unmöglich ein *i* zu sprechen: man erhält stets nur ein *ü*. Ebenso macht ein tiefer Stand des Kehlkopfes das helle, vollkommene *i* unmöglich; man kann zwar durch Verengerung des Mundcanals, welche in diesem Falle weiter nach hinten liegt, noch ein *i* hervorbringen, dasselbe hat aber immer einen dumpfen Klang, der dem eigentlichen *i* durchaus fremd ist. Man kann dieses *i* das unvollkommen gebildete nennen, wie ich das vorher beschriebene dumpfe *u* als unvollkommen gebildet bezeichnet habe; denn bei ihm fehlt die Bedingung, welcher das gewöhnliche *i* die helle Resonanz verdankt. Es ist wegen seines dumpfen Klanges auch schon früher als das dumpfe oder tiefe *i* bezeichnet worden. Man findet es häufig bei Taubstummen, deren Sprache es dann in hohem Grade entstellt; es rührt davon her, dass man sie beim ersten Unterrichte nicht angewiesen hat, den Kehlkopf bei der Hervorbringung des *i* kräftig zu heben.

A.

Beim *a* ist das Ansatzrohr kürzer als beim *u* und länger als beim *i*, indem die Lippen weder vorgeschoben sind, noch die Mundspalte in der Quere erweitert, und indem der Kehlkopf höher steht als beim *u* und tiefer als beim *i*. Beim *a* hat das Zungenbein dieselbe Stellung wie in der Ruhe, aber der Kehlkopf ist ihm stärker genähert und dadurch etwas gehoben; geht man von *a* in *i* über, so behalten Kehlkopf und Zungenbein ihre gegenseitige Lage, aber steigen mit einander in die Höhe: geht man von *a* in *u* über, so entfernt sich der Kehlkopf so weit er kann, vom

Zungenbein, um sich nach abwärts zu senken. Das Zungenbein bewegt sich dabei etwas nach vorne, wahrscheinlich wegen der Lagenveränderung, welche die Zungenwurzel durch das Herabtreten des Kehlkopfes erleidet.

Der Mundcanal ist beim *a* in seiner ganzen Länge offen, weder in der Mitte verengt wie beim *i*, noch am Ende verengt wie beim *u*. Beides würde die Hervorbringung des reinen hellen *a* unmöglich machen; übrigens aber kann das *a* bei sehr verschiedener Weite des Mundcanals hervorgebracht werden.

---

i, *a* und *u* sind die drei Grundpfeiler des Vocalsystems: dies lehrt die Entwicklungsgeschichte der indoeuropäischen und der semitischen Sprachen in Übereinstimmung mit der Physiologie. Die übrigen Vocale sind alle nur Zwischenlaute, von denen wir zuerst die der natürlichen Vocalreihe betrachten wollen, das heifst die, welche zwischen *i* und *a* und zwischen *a* und *u* liegen.

Gehen wir von der Stellung für das *a*, als von der ursprünglichen aus, so werden die Zwischenlaute gegen das *i* hin gebildet durch stufenweise Verkürzung des Ansatzrohres und Verengerung desselben in der Mitte. Purkiňe hat zuerst richtig beobachtet, dass sich beim Übergange von *a* zu *e* der sogenannte Kehlraum, d. h. der Raum zwischen Kehlkopf, hinterer Rachenwand, Gaumensegel und Zungenwurzel erweitert und die Erweiterung auch beim *i* bleibt. Diese Erweiterung scheint mir eine nothwendige Folge der Muskelwirkungen zu sein, durch die der Zungenrücken dem Gaumen genähert und Zungenbein und Kehlkopf gehoben werden, ebenso wie wir vorhin gesehen haben, dass beim *u*, wo der Kehlkopf und das Zungenbein am tiefsten steht, der Kehlraum am engsten ist.

Eine besondere Einwirkung des Kehldeckels auf den Vocallaut habe ich durch das Getast nicht finden können; denn wenn ich den Zeigefinger in den Rachen brachte, so machte es für die Hervorbringung der verschiedenen Vocale keinen Unterschied, ob ich ihn frei neben den Kehldeckel legte, oder ob ich den Kehldeckel durch ihn zu fixiren suchte.

Wenn man indessen die Vocale *a* und *ä* mit dem Sprechton hervorbringen lässt und zugleich das Bild des Kehlkopfs im Kehlkopfspiegel ansieht, so bemerkt man, dass der Kehlkopfausgang beim *a* bedeutend mehr verengt ist, als beim *ä*. Er ist am stärksten verengt beim hellen italienischen *a*, wie es z. B. in *tirare* lautet, beim Übergange in das tiefere deutsche *a*, z. B. in *Wahl*, oder noch weiter in einem Laut, der dem offenen *o* im englischen *lord* entsprechen würde, öffnet er sich wieder mehr. Leider kann man mit dem Kehlkopfspiegel unter den Vocalen nur *a* und seine Nachbarn untersuchen, *i*, helles *e*, *ü*, helles *o* und *u* machen es durch die Stellung, die die Mundtheile bei ihnen einnehmen, unthunlich: einerseits ist man am Sehen gehindert, andererseits ist stets die Gefahr vorhanden, dass der zu Untersuchende, indem er einen Vocal versucht, den er bei weit offenem Mundcanal nicht hervorbringen kann, nun, um ihn dennoch zu erreichen, mit seinem Kehlkopfe etwas vornimmt, was er bei demselben Vocale nicht vorgenommen haben würde, wenn man ihm in Rücksicht auf die Stellung seiner Mundtheile keinen Zwang auferlegt hätte.

Die Zwischenlaute gegen das *u* hin werden hervorgebracht durch stufenweise Verlängerung des Ansatzrohres und stufenweise Verengerung der Ausflufsöffnung. Auf die Frage, wie viel Zwischenlaute man zwischen *i* und *a* und *a* und *u* unterscheiden solle, muss ich antworten: So viele, als ein gewöhnliches Ohr ohne besondere Übung zu unterscheiden vermag. Sogenannte feine Unterscheidungen, die von Einzelnen, die sich auf ihr bevorzugtes Gehör berufen, gemacht werden, haben für die Lautlehre keine Bedeutung und beruhen oft mehr in der Einbildung als in der Natur der Sache. Jede Aussprache hat ihre gewisse Breite der Richtigkeit, die eben das Resultat des gemeinen Gehöres und der gemeinen Sprachgeschicklichkeit ist. Was sich in engere Grenzen zwängt, ist individuell, es gehört nicht mehr dem Volke und somit auch nicht mehr der Sprache als Ganzem an. Ich rathe hiernach drei Vocale zwischen *i* und *a* und drei andere zwischen *a* und *u* zu unterscheiden. Es bleibt mir noch übrig, die drei Hauptvocale und die Zwischenlaute durch Beispiele und Zeichen näher zu bestimmen. Ich mache den Anfang mit dem *i*, um mit *u* zu schliefsen, und erhalte somit neun Vocale in folgender Reihe:

1. Das *i* der Deutschen, Franzosen und Italiener und das *ee* der Engländer, z. B. dtsch. *wider*, fr. *tirer*, it. *giro*, engl. *wheel*; ich bezeichne es mit *i*.
2. Das *é* der Franzosen. Es ist das hohe *é* im Ungarischen *szép* (pulcher) und im Neuslovenischen *bél* (albus). Im Deutschen wird es lange gehört in: *ewig, selig*, kurz in *werden*.
3. Das *è* der Franzosen und das *e* der Deutschen in: *Hehl, ehrlich, echt* u. s. w., welches ich e^a bezeichnen werde.
4. Das *ê* der Franzosen oder *ä* der Deutschen, welches ich a^e bezeichnen werde. Englisch *man, fat*, ungar. *fekete* (niger).
5. Das reine oder italienische *a* in *ballare, cantare* u. s. w.
6. Das tiefe *a* der Deutschen in *Wahl, Arm* u. s. w., welches auch im Ungarischen häufig gehört wird, z. B. *bal* (miser) und welches ich mit a^o bezeichnen will.
7. Der Zwischenlant zwischen *a* und *o*, der im Englischen *lord, scorn* und im Französischen *encore* gehört wird. Ich bezeichne ihn o^a.
8. Das reine *o*, wie wir es in *Oper, Woge* u. s. w. und in den lateinischen Wörtern *bonus, nomen* u. s. w. sprechen; kurz wird es gehört im deutschen *Ordnung* und im lateinischen *orbis*, nach der jetzigen Aussprache. Ich bezeichne es mit *o*.
9. Das *u* der Deutschen in *Muth, Duldung*, das *ou* der Franzosen, das *oo* der Engländer in *poor, look*. Ich bezeichne es mit *u*.

Für diese neun Vocale haben wir im Deutschen sechs Zeichen, indem nur *i*, a^e und *u* ihr eigenthümliches Zeichen haben, dagegen *e* und e^a beide mit *e*, *a* und a^o beide mit *a* und o^a und *o* beide mit *o* bezeichnet werden.

Indem wir die Verlängerung oder Verkürzung des Ansatzrohres und die theilweise Verengerung desselben gleichzeitig anwenden, stehen uns noch Vocale zu Gebote, die in der so eben beschriebenen Reihe *i*, *e*, e^a, a^e, *a*, a^o, o^a, *o*, *u* nicht enthalten sind.

Bringen wir ein *i* hervor und suchen aus demselben allmählich, ohne in *e* überzugehen, zum *u* zu gelangen, indem wir zunächst die Mundöffnung verengen, dann zur Verlängerung des Ansatzrohres nach vorne vorschieben und endlich die Zunge und das Zungenbein mit dem Kehlkopfe sinken lassen, so bringen wir eine Vocalreihe hervor, welche analog der vorigen bezeichnet werden kann,

$$i,\ i^u,\ u^i,\ u.$$

Das i^u ist das Ypsilon nach norddeutscher Aussprache, z. B. in *Myrte* und *Physik*, das u^i ist das *ü* der Schriftsprache in *Würde*, *über* u. s. w., das *u* der Franzosen. Das dialectische *ü* der Südostdeutschen, speciell der Wiener, entspricht nicht dem u^i, sondern dem i^u. Es ist mir unbegreiflich, wie man diesen Zwischenlaut zwischen *i* und *u* hat leugnen können.

Die Reihe *u*, u^i, i^u, *i* ist interessant durch die Art und Weise, wie man sich in ihr leicht über die verschiedene Stimmung der Mundhöhle bei den verschiedenen Vocalen belehren kann. Wenn man einen möglichst tiefen Ton zu pfeifen sucht, so bringt man seine Mundtheile unwillkürlich in die Stellung für das *u*; geht man mit dem Ton in die Höhe, so rückt man ebenso unwillkürlich durch die Stellung *ü* gegen die Stellung *i* vor, kann sie aber nicht erreichen, weil das helle *i* nicht bei der verengerten Mundöffnung bestehen kann, die zum Pfeifen nothwendig ist.

Man kann ferner beim Übergange aus *e* in *o* die Vocalreihe

$$e,\ e^o,\ o^e,\ o$$

bilden. Das o^e ist das deutsche *ö* in *Öl* und *hölzern*, das e^o ist im Deutschen ziemlich selten, am meisten wird es begreiflicherweise noch gehört in Wörtern, bei denen unsere Orthographie zwischen *e* und *ö* schwankt, z. B. in *zwölf*, (plattdeutsch *twelw*). Es ist das *e* im französischen Artikel *le* und wird auch im Englischen gehört, z. B. in *earl*.

Eben so kann man aus e^a in o^a übergehen, ohne die dazwischen liegenden Laute a^e, *a* und a^o zu berühren, und erhält dadurch neue Vocallaute. Unterscheidet man zwischen e^a und o^a nur einen Zwischenlaut, so ist dies der Vocal in den französischen Wörtern *veuve* und *soeur*, welchem Chladni bereits die richtige Stelle angewiesen hat[14]); man kann indessen auch mehrere unterscheiden, obgleich ihre Nuancirung nicht ohne Schwierigkeit ist und wohl kaum noch ein praktisches Interesse darbietet, da e^a und o^a in der natürlichen Vocalreihe einander bereits näher stehen als *i* und *u* und als *e* und *o*.

Die bis jetzt besprochenen Vocale lassen sich am besten in folgender Weise anordnen:

$$
\begin{array}{ccccccc}
 & & & a & & & \\
 & & a^e & & a^o & & \\
 & e^a & & a^{oe} & & o^a & \\
e & & e^o & & o^e & & o \\
i & i^u & & & & u^i & u
\end{array}
$$

Man könnte der Symmetrie halber noch einen Vocal zwischen i^u und u^i unterscheiden, aber ich kenne keine Sprache und keinen Dialect, der in seiner Aussprache so streng wäre, dass ein Zeichen für jenen Zwischenlaut erfordert würde.

Alle die bisher besprochenen Vocale sind vollkommen gebildete, das heiſst, es wird vorausgesetzt, dass dabei alle Mittel in Gebrauch gezogen werden, welche die menschlichen Sprachwerkzeuge darbieten, um den Vocallaut deutlich unterscheidbar und klangvoll hervortreten zu lassen. Es giebt aber,

---

[14]) Über die Hervorbringung der menschlichen Sprachlaute, in Gilbert's Annalen der Physik und Chemie, Bd. 76, S. 187.

wie ich bereits angedeutet habe, auch unvollkommen gebildete Vocale, das heifst solche, bei denen dieses nicht geschicht.

Wir haben gesehen, dass das *u* die helle Resonanz verliert, wenn die Mundöffnung nicht hinreichend verengt ist, und ebenso das *i*, wenn der Kehlkopf nicht hinreichend gehoben wird. Bringt man alle Vocale nacheinander mit der dumpfen Resonanz hervor, so wird man bemerken, dass die Bewegungen beim Übergang von einem zum anderen weniger ausgedehnt sind, als es zur Hervorbringung der hellen Resonanz nöthig ist. Namentlich ändert sich die Mundöffnung wenig oder gar nicht, und auch der Spielraum, innerhalb dessen sich der Kehlkopf auf und ab bewegt, ist kleiner. Beim dumpfen *u* wird er freilich tief hinabgezogen, dafür steht er aber auch beim dumpfen *i* viel niedriger als beim hellen. Ich werde als Zeichen für die dumpfe Resonanz, oder wie ich es auch sonst genannt habe, die unvollkommene Bildung, ein nach links offenes Häkchen unter dem Vocal gebrauchen. Die unvollkommen gebildeten Vocale sind namentlich häufig im Englischen, z. B. *ǫ* in *not, hot, cough*; *ų* in *could, should*; *ǫ*^{e} in *done, son, sun*; *į* in *pin* u. s. w. Sie sind eben wegen ihrer unvollkommenen Bildung weniger scharf und charakteristisch von einander unterschieden als die Vocale mit heller Resonanz, und es kann deshalb, namentlich wo sie kurz sind, Schwierigkeiten machen, ihren eigentlichen Charakter festzustellen. Ein solcher schwer zu bestimmender Vocal ist das *y* der Polen. Ich höre es als ein unvollkommen gebildetes *u*^{i} und eben so auch Herr Professor von Piotrowski, der es mir in verschiedenen Verbindungen vorsprach.

Es ist hier der Ort, von dem Laute zu sprechen, welchen Lepsius (Das allgemeine linguistische Alphabet. Berlin, 1855. S. 24.) als den unbestimmten Vocal bezeichnet. Eine sorgfältige Untersuchung der Sprachen wird gewiss das Verbreitungsgebiet, welches man diesem Laute anweist, immer mehr einschränken; denn bald erkennt man in einem solchen scheinbar ganz unbestimmten Laute, bei dem Versuche ihn nachzubilden, ein kurzes e^o, bald ein unvollkommen gebildetes o^e, oder ein unvollkommen gebildetes o^a oder a^{oe}. In manchen Fällen, die für den unbestimmten Vocal angeführt werden, ist gar keiner vorhanden, sondern die Consonanten werden einfach aneinander gereiht. Dies lässt sich am schlagendsten nachweisen an der deutschen Infinitivendung *en*, wenn derselben ein *d* oder *t* vorhergeht, denn dann wird zwischen *d* oder *t* und *n* die Zunge, wie schon Purkiňe richtig angiebt, nicht aus ihrer Lage gebracht, was vollkommen unmöglich wäre, wenn zwischen beiden Consonanten ein wie immer gearteter Vocallaut läge, da die Zunge in eben dieser Lage den Mundcanal verschliefst. In der gebundenen Rede, wenn der Vocal wirklich gesprochen wird, erkennt man ein kurzes accentloses *e*. Derselbe Vocalmangel lässt sich an der englischen Endsylbe *on*, z. B. in *mutton*, beobachten. Da es aber oft genug vorkommen wird, dass ein Vocallaut so unbestimmt ist, dass man ihn wirklich nicht classificiren kann, so wird es praktisch nützlich sein, für diesen Fall in der phonetischen Schreibweise ein eigenes Zeichen zu haben, wie denn Ludolf, Isenberg und andere *ɛ* gebrauchen, während Lepsius *ḙ* vorschlägt. Die wesentlichsten Momente, um einen Vocal undeutlich werden zu lassen, sind die Kürze und der Mangel des Accents. Es führt mich dies zu einer anderen Bemerkung. Es wird bisweilen angegeben, dass die langen Vocale einer Sprache nicht nur durch die Dauer, sondern auch durch die Art der Bildung von den gleichnamigen kurzen Vocalen derselben Sprache wesentlich verschieden seien. Es kann dies allerdings vorkommen. So ist z. B. das lange *o* im englischen *note* (*nota*) ein vollkommen gebildetes *o*, das kurze *o* in *not* (*non*) ein unvollkommen gebildetes *o*, im Munde mancher Engländer ein o^a. Im Deutschen ist es aber bei reiner und sorgfältiger Aussprache mit Rücksicht auf die Breite unserer Vocalbezeichnung nicht der Fall. Ich sage mit Rücksicht auf die Breite unserer Vocalbezeichnung, denn das *e* in *Held* ist sicher ein anderes, als das *e* in *Seele*, aber ihm entspricht ein langer Vocal, der auch noch mit *e* bezeichnet wird, nämlich das *e* in *Segel*, beide sind e^a. In der gewöhnlichen Umgangssprache kommen freilich auch im Deutschen viele unvollkommen gebildete kurze Vocale vor, die unter den langen kein Analogon finden. Es hängt dies zusammen mit der Kürze der Zeit, welche für den Vocal gegeben ist, und damit, dass beim kurzen Vocale die Theile nicht zur Ruhe kommen, sondern nur durch die Vocalstellung durchgehen, so dass selbst der Vocal. der so vollkommen, als es die gegebene Zeit nur immer erlaubt, gebildet wird, nicht so gut ausgeprägt ist, wie der entsprechende lange.

Damit hängt es auch zusammen, dass englische Schriftsteller, und unter ihnen Kenner ersten Ranges, so oft behaupten, das *a* in englisch *fat, hat* sei sehr wesentlich verschieden vom deutschen *ä*, und doch sind beide a^e [15]). Ihnen schwebt das *ä* in *Väter* vor und nicht das *ä* in *glätte*. Freilich giebt es Deutsche genug, die das *ä* wie e^a aussprechen und keinen Unterschied machen zwischen dem *ä* in *Väter* und dem *e* in *Segel*; aber diese Aussprache hat sich weder auf der Kanzel noch auf der Bühne Anerkennung erworben.

Nicht in der Aussprache des englischen kurzen *a*, diese ist relativ gleichmäfsig, liegt das Ungewisse, das der Controverse Berechtigung giebt, sondern in der schwankenden Aussprache des deutschen *ä*.

Abgesehen von dem hier Erwähnten wird es dem Leser wohl nach dem, was oben über die Genesis der Vocallaute gesagt ist, bereits klar sein, dass der Vocallaut als solcher durch die Zeit, während welcher er andauert, nicht verändert, das heifst in einen andern umgewandelt werden kann,

---

[15]) Alex. S. Ellis (Essentials of phonetics. 126) transscribirt das deutsche kurze *ä* mit dem *e*, für das er deutsch *denn* als Beispiel anführt. Er citirt als Parallellaut für das englische *a* in *am* das deutsche *a* in *dann*, ferner das *a* in ital. *fatto* und franz. *patte*. In einer Anmerkung sagt er, dies englische *a* sei „much finer", als irgend ein fremdes. Das deutsche *ä* erscheint in den l. c. tabellarisch zusammengestellten Vocalbeispielen nirgends, und doch wäre das *ä* in *glätte* sicher mehr am Platze gewesen, als das *a* in *dann*.

und dass mithin seine Qualität von seiner Quantität in diesem Sinne völlig unabhängig ist. Wird ein langer Vocal mehr und mehr verkürzt, so geht er nicht in einen andern über, sondern er bleibt derselbe, bis endlich seine Zeitdauer so weit beschränkt wird, dass es den Sprachwerkzeugen nicht mehr möglich ist, vollständig in die Stellung für den intendirten Vocal überzugehen, und dem Ohre unmöglich ist, ihn noch zu unterscheiden. Es würde deshalb höchst unrichtig sein, wenn man die Vocale im Allgemeinen in lange und kurze eintheilen wollte, von denen die einen nicht nur quantitativ, sondern auch qualitativ von den anderen verschieden sein sollten.

Ich kann es deshalb auch nicht billigen, wenn man besondere Buchstaben für die kurzen und für die langen Vocale einführt. Das Vocalzeichen muss dem Vocale als solchem ausschliefslich angehören. Die Quantität ist eine accessorische Eigenschaft, die durch ein Hilfszeichen ausgedrückt werden muss, welches man entweder über den Vocal setzt, oder, wie es im Deutschen geschieht, demselben folgen lässt. Es ist hier nicht der Ort, auf den Werth der verschiedenen Dehnungs- und Kürzungszeichen einzugehen, nur das musste bemerkt werden, dass unsere deutsche Schrift im Recht ist, indem sie durch das Zeichen für den Vocal nicht auch zugleich dessen Quantität auszudrücken strebt, weil sonst jeder Vocal zwei verschiedene Zeichen führen würde, was bei einer phonetischen Schreibweise immer als eine Inconsequenz gerügt werden muss, wenn nicht Gründe der Bequemlichkeit und Zeitersparnis beim Schreiben darüber hinwegsehen lassen.

B. Die Diphthonge.

Geht man aus der Stellung für einen Vocal in die für einen anderen über, und lässt während der Bewegung und nur während derselben die Stimme lauten, so entsteht bekanntlich keiner der beiden Vocale, sondern ein neuer Laut, ein Diphthong. Wir schreiben diese Laute, indem wir den Vocal der Anfangsstellung und den der Endstellung hinter einander setzen, täuschen uns aber mitunter über die Natur derselben: so schreiben wir *das Haus, die Häuser* und nicht wie wir schreiben sollten: *das Haus, die Häüser* oder *die Haüser*, je nach der Aussprache. Ebenso ist es aufser Zweifel, dass der Vocal der Endstellung in dem Diphthong, den wir in *heute, Leute* etc. hören, kein *u*, sondern ein *ü* ist. Dem praktischen Bedürfnisse genügt aber unsere Schreibweise vollkommen, weil wir keine Bezeichnung für einen Diphthong haben, die zugleich noch für einen anderen diente. Wir gehen im Gegentheil in der Schrift im Unterscheiden weiter als beim Sprechen. Der Unterschied zwischen *ei* in *heim* und *ai* in *hain* wird meistens nicht gewahrt. Diese Diphthonge sind je nach dem Dialect *e"i, a'i* und *ai*. Es wird bisweilen gelehrt sie seien beide *ai*, aber dies kann selbst für *ai* in *hain* nur dann zugegeben werden, wenn das italienische helle *a*, das *a* unserer Vocaltafel, als Grenze angenommen wird: die geringste Abweichung gegen das tiefere deutsche *a* macht uns den Diphthong ganz fremdartig. Als der berühmte Sänger Roger in Wien in deutscher Oper spielte und sang, war es mir auffallend, von ihm in *sein, rein* u. s. w. einen ganz neuen Diphthong zu hören. Man hatte ihn offenbar gelehrt, deutsch *ei* wird wie deutsch *ai* gesprochen, und er hatte dies in zu strengem Sinne genommen, er gieng aus der Stellung für das deutsche *a* in die von *i* über.

Es ist hier der Ort, näher zu untersuchen, wie sich zwei Vocale diphthongisch mit einander verbinden lassen, und welche die akustischen Effecte sind, die dabei zum Vorschein kommen.

Gehen wir aus der Stellung von Vocalen, bei denen der Mundcanal weiter ist, sogenannten offenen Vocalen, in solche über, bei denen er enger ist, sogenannte geschlossene Vocale, so erhalten wir im Ganzen leicht Diphthonge, die sofort vom Ohre als solche erkannt werden, wie die Diphthonge *ai, a'i, e"i, au", a'u", oi* (in englisch *oil*, eben so auch im oberösterreichischen Dialecte in *roit, Loidl*) *ui* (in deutsch *pfui*). Machen wir aber mit unseren Mundtheilen den umgekehrten Weg, so fallen für unser Ohr die Vocale entweder auseinander, oder es mischt sich dem ersten derselben, dem, der die engere Stellung verlangt, ein consonantisches Element bei. Das ist offenbar der Grund der Erscheinung, dass im Englischen *w* und *y* und ganz ähnlich im Arabischen و und ى bald als Vocale und bald als Consonanten auftreten. Wenn man *u*a^o und *io* diphthongisch auszusprechen sucht und dabei den Kehlkopfverschlufs vermeidet, mit dem wir Deutschen alle anlautenden Vocale anfangen; so mischt sich durch das Bestreben die Vocale nicht auseinanderfallen zu lassen, dem *u* und dem *i* schon so viel consonantisches Element bei, wie der Mund eines grofsen Theils der englischen Bevölkerung, namentlich der eleganten Welt Englands, dem *w* in *water* und dem *y* in *yonder* mitgiebt, während das niedere Volk das consonantische Element stärker hervortreten lässt und den Anfangsvocal, das Diphthongische in der Sylbe, verwischt.

Einer besonderen Erwähnung verdienen noch gewisse Diphthonge, welche ich Diphthonge kürzerer Spannweite nennen möchte, weil Anfangsstellung und Endstellung einander näher stehen, als bei den bisher behandelten Diphthongen.

Ein solcher Diphthong, nämlich $o^a u$, existirt im Plattdeutschen z. B. in *t*$o^a u$, zu. Die Gebildeten, wenn sie plattdeutsch sprechen, sprechen *to*. Sie nennen die bäurische Aussprache *t*$o^a u$ breit, und wenn sie sie nachahmen wollen, so sprechen sie *tau* oder *t*$a^o u$.

Ein ähnlicher Diphthong mit ähnlich schwankender Aussprache scheint im Persischen zu existiren. *Chodzko* transscribirt (*Grammaire Persanne Paris 1852 p. 7*) die Wörter زوج، موج und قوّل als *môoudj*, *zôoudj* und *qôoul* und erklärt das *ôou* für einen Diphthong, den man etwa erhalte, wenn man rasch *beau ou laid* oder *ô oublieux* ausspreche. Dieselben Wörter aber habe ich zu wiederholten Malen und ganz deutlich von Herrn Dr. Polak: dem langjährigen Leibarzte des Schah, als *mōt*[*sχ*], z^{1}*ōt*[*sχ*] und k^{3}*ōl*^{1} gehört.

Auch das *ei* der Anwohner des Niederrheins, zum Beispiel in *reinland*, gehört diesen Lauten an, denn es lautet thatsächlich *ei* nicht wie bei uns *aᵉi*.

Es würde sich die Zahl dieser Beispiele noch vergrößsern lassen, und man würde deren um so mehr finden, je mehr man auf die Eigenthümlichkeiten der einzelnen Dialecte eingeht.

Wenn man zwei oder mehreren aufeinanderfolgenden Vocalen einzeln ihren Lautwerth geben will, so kann dies auf zweierlei Art geschehen, erstens indem man sie durch den Kehlkopfverschlufs trennt, wie wir dies thun, wenn wir *zuerkennen* sprechen, oder indem man sich begnügt bei forttönender Stimme den Übergang von einer Vocalstellung in die andere mit einiger Geschwindigkeit, gewissermafsen ruckweise zu machen und dafür in jeder der Vocalstellungen so lange zu verweilen, dass der Vocal einzeln hörbar wird, wie dies der Italiener thut, wenn er *paura* sagt. In letzterem Falle ist zwar diese Aussprache von der diphthongischen leicht zu trennen und leicht zu unterscheiden, aber es giebt zwischen beiden im Princip insofern keine feste Grenze, als im Diphthonge die Bewegung innerhalb der Vocalstellung so langsam werden kann, dass sich zwar das diphthongische Element nicht verwischt, aber die einzelnen Vocale doch als solche erkannt werden. In der That kommen im Arabischen namentlich beim Koranlesen solche Fälle vor (Siehe darüber meine Abh. über phonetische Transscription S. 47) und auch beim Singen geschieht es, dass, wenn ein Diphthong sich über ein längeres Zeitintervall erstreckt, die einzelnen Vocale, oder einer derselben, für sich hervortreten.

Wahre Triphthonge giebt es nicht, indem bei dem Versuche, drei Vocale gleichzeitig diphthongisch mit einander zu verbinden, immer eine mehr oder weniger deutliche Trennung eintritt.

Der Nasenton.

Alle Vocale, sowohl die einfachen, als die Diphthonge, können rein und mit dem Nasenton hervorgebracht werden.

Der Nasenton beruht darauf, dass die Luft in der Nasenhöhle durch die von den Stimmbändern ausgehenden Schallwellen in Mitschwingungen versetzt wird, was bei den reinen Vocalen nicht der Fall ist. Dzondi stellte in seiner verdienstvollen Abhandlung über die Functionen des weichen Gaumens[16]) den Satz auf, bei allen Selbstlautern bleibe das Gaumensegel unbewegt. Es hat sich hieraus bei manchen die Vorstellung gebildet, dass auch bei den gewöhnlichen oder reinen Vocalen (d. h. den Vocalen ohne Nasenton) die Luft, da der Weg durch die Choanen offen stehe, durch Mund und Nase gleichzeitig entweiche. Die Choanen oder hinteren Nasenöffnungen sind ein paar weite Öffnungen, welche aus der Rachenhöhle in die Nasenhöhle führen, und durch welche beim Schnaufen die Luft aus der ersteren in die letztere eindringt. Sie liegen über dem Gaumensegel und dies kann sich nicht nach hinten und oben umschlagen, um sie zu bedecken. Wenn also der Luft der Weg durch die Nase versperrt werden soll, so kann dies nur dadurch geschehen, dass das Gaumensegel sich der hinteren Wand des Rachens nähert und diesen dadurch in zwei Abtheilungen theilt, von denen die untere mit dem Kehlkopfe und der Mundhöhle, die obere dagegen nur mit der Nasenhöhle communicirt. Es ist beim Einblick in die Mundhöhle nicht leicht zu beurtheilen, ob die Trennung wirklich vollständig sei, und deshalb ward die erwähnte Ansicht auf guten Glauben angenommen; aber ein einfacher Versuch zeigt, dass sie unrichtig ist. Man halte ein mit kleiner Flamme brennendes Licht, einen brennenden Wachsstock, so vor das Gesicht, dass die Flamme vom Hauch der Nase, aber nicht von dem des Mundes getroffen wird, und bringe einen reinen Vocal continuirlich hervor, so wird die Flamme unbewegt bleiben; sie wird aber anfangen zu flackern, wenn man demselben Vocale den Nasenton mittheilt. Eine noch andere Probe hat J. Czermak angegeben. Er nimmt ein Stück Spiegelglas, das nicht so kalt sein darf, dass es schon

---

[16]) Halle, 1813. 4. S. 29.

bethauet, wenn es mit seinem Rande an die bloſse Haut angesetzt wird. Dies bringt er unter die Nase, während er einen reinen Vocal tönen lässt. Es bethauet nicht, da bei geschlossener Gaumenklappe keine Ausathmungsluft zur Nase herausgeht. Sobald er aber dem Vocale den Nasenton giebt, so bethauet es, zum Zeichen, dass sich jetzt die Gaumenklappe geöffnet hat. Es fragt sich nun: Wie verhält es sich mit der Richtigkeit von Dzondi's Angabe, dass das Gaumensegel bei allen Selbstlautern unbewegt bleibe? Er führt als Beweise für dieselbe den Augenschein und die Untersuchung mit dem Finger an, aber beide zeigen, dass sie unrichtig sei. Sobald man einen Vocal, z. B. das *a*, rein ausspricht, so hebt sich das Gaumensegel nach oben und hinten, so dass es von dem Luftstrome nur an seiner vorderen Fläche getroffen wird und diesen ganz in die Mundhöhle hineinleitet, und wenn man die Lippen schlieſst, so dass aus dem *a* ein *ab* wird, so presst die Luft das Gaumensegel fest gegen die Hinterwand des Rachens an, so dass es der Luft den Weg in die Nasenhöhle nach Art eines Ventils hermetisch verschlieſst. Sobald man aber das *a* mit dem Nasenton hervorbringt, hängt das Gaumensegel schlaff herab und der Luftstrom theilt sich zwischen Mund und Nase. Czermak hat auch gezeigt, dass sich das Gaumensegel bei verschiedenen Vocalen nicht gleich energisch hebt, am wenigsten beim *a*, am stärksten beim *i*. Er fand dies, indem er einen Draht an einem Ende rechtwinklig umbog, am anderen in eine flache Schnecke aufdrehte und mit Wachs überzog. Dies letztere Ende führte er, die Schnecke nach abwärts gekehrt, in die Nase ein und gelangte so bis auf die Rückseite des Gaumensegels. Wenn sich dieses hob, bewegte sich das vorn zur Nase heraushängende rechtwinklig umgebogene Drahtende, und an der Gröſse der Bewegung konnte er die Energie bemessen, mit der das Gaumensegel gehoben wurde. Dass diese beim *a* am geringsten, beim *i* am gröſsten war, stimmt damit zusammen, dass beim *a* der Verschluſs nur locker zu sein braucht, da der ganze Mundcanal weit und offen ist, beim *i* dagegen, wo letzterer am stärksten verengt ist, und die Luft den gröfsten Widerstand findet, muss der Verschlufs am festesten sein. Es versteht sich übrigens von selbst, dass nicht der Ausflufs der Luft aus der Nase als solcher den Nasenton hervorbringt, sondern die Schwingungen der Luft in der Nasenhöhle, und dass man deshalb auch bei zugehaltener Nase und zwar sehr stark näseln kann, indem durch das Zuhalten weiter nichts geschieht, als dass ein offenes Ansatzrohr in ein gedecktes verwandelt wird. Man darf auch nicht mit Segond[17]), der sonst richtige Ansichten über den Nasenton entwickelt, annehmen, dass beim Näseln mit offener Nase die Stimme nur in den hinteren Theilen der Nasenhöhle resonire, da ja bekanntlich in jedem ungedeckten Ansatzrohre durch Reflexion der Schallwellen an dem offenen Ende secundäre Schwingungen erzeugt werden. Es ist nach dem Gesagten klar, dass der Nasenton in streng phonetischer Schreibweise durch ein Hilfszeichen an den Vocalen angedeutet werden müsste, aber wir kommen im Deutschen nicht in die Lage ein solches anzuwenden, da es im Deutschen keine Nasenvocale giebt: im Französischen dagegen sind sie ziemlich häufig. Es gelingt zwar jeden Vocal mit dem Nasenton hervorzubringen, doch macht mich H. Prof. Miklosich darauf aufmerksam, dass in allen ihm bekannten Sprachen nur *a*, *ä*, *ö* und *o* als Nasenvocale vorkommen. Ebenso führt mein hochverehrter Lehrer Joh. Müller in seinem Lehrbuche der Physiologie nur diese Nasenvocale auf, die sich in der That leichter und bequemer als die übrigen bilden lassen. Ellis schreibt den Portugiesen nach den Mittheilungen eines Spaniers vermuthungsweise ein *i nasale* und den unbestimmten Vocal mit dem Nasenton zu.

Ich werde in dem Folgenden den Nasenton stets durch einen Querstrich unter dem Vocal anzeigen.

---

[17]) *Mémoire sur les modifications du timbre de la voix humaine. Archives générales de médecine. 4. Serie T. XVI. p. 346.*

IV. Abschnitt.

Die Consonanten.

Die Namen Consonanten, Mitlauter im Gegensatze zu den Selbstlautern, könnten vermuthen lassen, dass nur den Vocalen ein selbstständiger Laut zukommt, die Consonanten einen solchen aber erst durch die Verbindung mit einem Vocale erhalten. Diese Ansicht, welche häufig genug gelehrt worden, ist längst widerlegt. Jeder, der den Taubstummen-Unterricht kennt oder auch nur ein Kind hat lautiren hören, muss von ihrer Unrichtigkeit überzeugt sein.

Wie wir die Unterschiede der verschiedenen Vocale unter einander genetisch aufgefasst haben, so müssen wir auch den Unterschied von Vocalen und Consonanten genetisch auffassen, nur dann werden wir auch die Stellung der sogenannten Halbvocale richtig zu würdigen wissen. Hier findet es sich nun, dass bei allen Consonanten im Mundcanale entweder irgendwo ein Verschlufs vorhanden ist oder eine Enge, welche zu einem deutlich vernehmbaren selbstständigen, vom Tone der Stimme, beziehungsweise von der Flüsterstimme, unabhängigen Geräusche Veranlassung giebt, während bei den Vocalen der Mundcanal nirgendwo ganz geschlossen ist und auch nirgendwo in solchem Grade verengt, dass der Sprachlaut durch das hierbei an Ort und Stelle entstehende Geräusch charakterisirt ist, nicht durch die veränderte Resonanz der Stimme, beziehungsweise der Flüsterstimme, oder des Hauches.

Die einfachen Consonanten, das heifst die Consonanten mit einfachem Geräusch und einfacher Articulationsstelle.

Bei der Eintheilung der Mitlauter muss man sich sofort klar machen, dass es sich hier ebenso wie bei den Selbstlautern nicht darum handelt, eine Anzahl von Consonanten, die man zufällig kennen gelernt hat, in Reihe und Glied zu stellen, sondern alle Möglichkeiten der Entstehung eines Consonanten in erschöpfender Weise zu classificiren. Wenn morgen eine neue Sprache entdeckt würde, welche, wie die indo-europäischen und semitischen Sprachen, ausschliefslich auf exspiratorischer Lautbildung beruht, so müssten alle Laute derselben in unser System eingereiht werden können, wir müssten nicht nöthig haben, neue Abtheilungen zu schaffen, noch weniger die bereits geschaffenen wieder umzuwerfen.

Die Bedingungen nun, unter welchen Consonanten entstehen können, sind folgende:

1. Der Weg durch die Nase ist der Luft abgeschnitten und auch der Mundcanal ist irgendwo gesperrt. Dies sind die sogenannten *Tenues, p, t, k,* und die *Mediae b, d, g.* Bei ihnen ist also die Luft eingesperrt und tritt sobald der Verschlufs im Mundcanal geöffnet wird, mit stärkerem oder schwächerem Geräusche hervor, weshalb diese Laute auch den Namen *Explosivae* führen. Chladni nennt sie sehr passend Verschlufslaute.
2. Der Luft ist der Weg durch die Nasenhöhle abgesperrt und der Mundcanal ist an irgend einer Stelle so verengt, dass die ausströmende Luft an den der Enge benachbarten Theilen ein Reibungsgeräusch hervorbringt. Auf diese Art entstehen eine Menge Laute, die theils als Aspiraten, theils als Sibilanten, theils sogar als Halbvocale bezeichnet werden. Ich will hier nur die bekanntesten nach ihrer deutschen Bezeichnung aufführen:

   f, hartes *s, ch,*
   w, weiches *s, j.*

3. An diese Reibungsgeräusche schliefsen sich die *L*-Laute. Sie haben das mit ihnen gemein, dass sie einfach durch Herstellung einer Enge im Mundcanal gebildet werden, aber sie unterscheiden sich dadurch von ihnen, dass die Enge nicht in der Mittelebene des Mundcanals liegt, sondern zu beiden Seiten zwischen dem Zungenrande und den Backenzähnen, so dass die

durch sie ausströmende Luft an der Innenseite der Backen entlang und so zum Munde hinaus streicht.

4. Der Luft ist der Weg durch die Nase verschlossen und im Verlauf oder am Ende des Mundcanals ist irgend ein Theil so gestellt, dass er durch den Luftstrom in Vibrationen versetzt wird und dadurch ein Geräusch entsteht; dies sind die *R*-Laute, oder, wie sie Chladni passend nennt, die Zitterlaute.
5. Der Weg durch den Mundcanal ist der Luft versperrt, aber der durch die Nase steht ihr offen. Dies sind die Laute, welche ich Resonanten nenne, und die man sonst auch als *Nasales* oder *Semivocales* zu bezeichnen pflegt. Sie haben mit den Vocalen gemein, dass sie nicht wie die übrigen Consonanten ein von der Stimme unabhängiges eigenes Geräusch haben, sondern nur auf Resonanz beruhen, unterscheiden sich aber dadurch von den Vocalen, dass bei ihnen der Weg durch den Mundcanal verschlossen ist, und dass sie somit nicht wie jene zur Verbindung von Consonanten benützt werden können. Die deutsche Schrift hat nur für zwei derselben eigene Zeichen, für *m* und *n*.

Unter diese fünf Rubriken können mit Ausschlufs der bereits früher besprochenen Kehlkopflaute sämmtliche einfache Consonanten eingereiht werden, wenn man unter einfachen Consonanten nur solche versteht, die nicht blos nur einerlei Geräusch, sondern auch nur eine einfache Articulationsstelle haben. Unter Articulationsstelle verstehe ich diejenige Stelle in der Mittelebene des Mundcanals, an welcher die articulirenden Theile einander genähert, beziehungsweise in Berührung gebracht sind.

Die Articulationsstellen sind verbreitet auf drei Articulationsgebieten, und die Consonanten der vorerwähnten fünf Rubriken zerfallen deshalb wieder in drei Abtheilungen, je nach dem Articulationsgebiete, dem sie angehören.

In der ersten Abtheilung ist es die Unterlippe, welche mit der Oberlippe oder den oberen Schneidezähnen

Verschlufs oder Enge bildet. In der zweiten Abtheilung ist es der vordere Theil der Zunge, der mit den Zähnen oder dem Gaumen Verschlufs oder Enge bildet. In der dritten Abtheilung sind es die Mitte oder der hintere Theil der Zunge, die mit dem Gaumen Verschlufs oder Enge bilden.

Hieraus entstehen drei Doppelreihen von Consonanten. Jede derselben besteht aus einer tonlosen und einer tönenden oder, wie man sich unpassend ausdrückt, einer harten und einer weichen. Die erste beginnt, wenn wir die Verschlufslaute voranstellen, mit *p* und *b*, die zweite mit *t* und *d*, die dritte mit *k* und *g*.

Nach diesen drei, den drei Articulationsgebieten entsprechenden Doppelreihen, deren hergebrachte Namen ich wegen der sich daran knüpfenden Confusionen sorgfältig vermeide, werde ich nun die einzelnen Consonanten durchgehen. Der Grund dafür, dass ich das Articulationsgebiet zum obersten Eintheilungsgrunde gemacht habe, die physikalischen Bedingungen der Consonantenerzeugung zum secundären, ist ein praktischer, indem bei dieser Anordnung die wunderbare Symmetrie des Consonantensystems am schlagendsten hervortritt. Eben so ist es aus praktischen Gründen gerechtfertigt, dass ich bei der Abgrenzung des Articulationsgebietes nur auf die Lage der Lippen und der Zunge in der Mittelebene des Mundcanals Rücksicht genommen habe: denn sonst würden z. B. die *L*-Laute ganz von ihren natürlichen Verwandten getrennt werden. Ich gebrauche deshalb auch den Ausdruck Articulationsstelle in etwas anderem Sinne als es gewöhnlich geschieht. Ich verstehe darunter, wie erwähnt, stets nur die Stelle in der Mittelebene des Mundes, an der Enge oder Verschlufs gebildet wird. So schreibe ich z. B. dem *r*, dem *l* und dem *n* der Deutschen ein und dieselbe Articulationsstelle zu. Wollte ich wie Andere die Articulationsstelle dahin verlegen, wo die wesentlichen Bedingungen für die Erzeugung des consonantischen Geräusches gegeben sind, so würde jeder dieser Consonanten eine andere Articulationsstelle haben, ja für den Resonanten *n* würde sich eine solche gar nicht mit Bestimmtheit angeben lassen. Das Princip, bei der Eintheilung nach Articulationsgebieten und Articulationsstellen immer nur die Lage der Lippen und der Zunge in der Mittelebene des Mundcanals in Betracht zu ziehen, und weder die Seitenöffnungen, welche die *L*-Laute erzeugen, noch die Communication mit den Choanen, welche die Resonanten erzeugt, zu berücksichtigen, ist schon von den Indern befolgt und nie ohne Nachtheil für die Übersichtlichkeit des Systems verlassen worden.

Erste Reihe.

Verschlufslaute der ersten Reihe.

Betrachten wir unter den Lauten dieser Art zuerst das *p*, so ist es bekannt, dass dasselbe gebildet wird, indem wir die Lippen schliefsen, die Mundhöhle durch das Gaumensegel gegen die Nase absperren, bei erweiterter Stimmritze die Luft durch die Exspirationsmuskeln comprimiren, und sie dann durch Öffnen der Lippen frei lassen. Wir können auch einen *p*-Laut hervorbringen, wenn wir bei erweiterter Stimmritze und abgesperrtem Nasencanal die Lippen plötzlich schliefsen, so dass dem Luftstrom sein Ausweg plötzlich abgeschnitten wird. Wenn wir z. B. das englische Wort *midshipman* aussprechen, so bilden wir das *p* lediglich durch Herstellen des Verschlufses, nicht durch Aufheben desselben, da hier die Lippen für die Bildung des *m* geschlossen bleiben müssen.

Wir werden später noch hinreichende Gelegenheit haben, uns zu überzeugen, dass bei den Consonanten eben so wie bei den Vocalen, mit bedingter Ausnahme der Diphthonge, die Buchstaben niemals als Zeichen für eine active Bewegung der Sprachorgane aufzufassen sind, sondern als Bezeichnungen für gewisse Zustände, bestimmte Anordnungen der Mundorgane und der Stimmritze, in welchen sie sich befinden, während die Exspirationsmuskeln die Luft auszutreiben suchen. Halten wir dies auch für das *p* fest, so können wir sagen, es bezeichne abgesperrten Nasencanal und geschlossene Lippen bei erweiterter Stimmritze.

Wir haben hier vorausgesetzt, dass die Stimmritze auch während des Verschlufses weit offen stehe: man kann sich aber auch vorstellen, dass sie während des Verschlufses geschlossen sei und erst behufs der Explosion geöffnet werde. Auch so lässt sich ein *p* hervorbringen. Man kann beide Arten des *p* am besten unterscheiden, wenn man mit dem Öffnen des Mundhöhlenverschlufses etwas zögert, dann fühlt man, wie sich bei dem *p* der ersten Art die Backen aufblähen, während dies bei der zweiten Art nicht der Fall ist, man im Gegentheile hier deutlich das Hindernis für das Fortschreiten der Luft im Kehlkopf fühlt. Dieses letztere *p* ist, wenn ich mich so ausdrücken soll, knapper, reiner im Explosivlaut als das mit weit offener Stimmritze. Bei letzterem stürzt zunächst die Luft, welche sich hinter dem Lippenverschlufse angehäuft hat, tonlos heraus, bei dem ersteren, bei dem Kehlkopf und Lippenverschlufs nahezu gleichzeitig geöffnet werden, wird der letztere gewissermafsen durchschossen, oder er würde durchschossen werden, wenn er sich nicht rechtzeitig selber öffnete. Ebenso wird beim Bilden des Verschlufses im Inlaute der Luftstrom nicht nur durch den Lippenverschlufs, sondern auch durch den Kehlkopfverschlufs abgeschnitten. Hat der vorhergehende Laut den Ton der Stimme, so verschwindet dieser nicht wie beim *p* mit offener Stimmritze durch das Öffnen derselben, sondern er klingt in seiner ganzen Stärke fort, bis ihn der mit dem Lippenverschlufs gleichzeitig eintretende Stimmritzenverschlufs mit einem Schlage abschneidet. Es steckt in diesem *p* ein verborgenes *Hamze*.

Das was hier vom *p* gesagt worden ist, gilt ganz in derselben Weise von den *Tenues* der beiden anderen Articulationsgebiete, von *t* und *k*. Auch sie können aus der weit offenen und aus der verschlossenen Stimmritze angesprochen werden, ich werde deshalb von jetzt an *Tenues* mit offener und *Tenues* mit verschlossener Stimmritze unterscheiden. Ich sage *Tenues* mit offener und *Tenues* mit verschlossener Stimmritze, denn die *Tenuis* als solche, das wofür das Symbol, der Buchstabe steht, ist der Verschlufs, der Laut, den wir der *Tenuis* zuschreiben, ist etwas Wechselndes, wechselnd je nachdem wir ihn bei der Bildung, oder bei der Öffnung, oder bei der Bildung und Öffnung des Verschlufses hören.

Beide Arten der *Tenues* sind nicht immer leicht nach dem Gehör zu unterscheiden, man muss das Gehörte nachsprechen und dann sein subjectives Gefühl und die später näher zu beschreibende akustische Untersuchung des eigenen Kehlkopfs zu Rathe ziehen. Die *Tenues* der Deutschen in der Volks- und Umgangssprache sind wohl in gröfster Ausdehnung *Tenues* mit offener Stimmritze, *Tenues* mit geschlossener Stimmritze kommen am auffälligsten und schon durch Bemerkungen der arabischen Orthoepisten gekennzeichnet, im Arabischen vor, eine Art des *t* und eine Art des *k*, von denen wir später sprechen werden. Ferner bilden die Ungarn solche *Tenues*, häufig auch wenn sie deutsch sprechen. Endlich scheint es mir, dass die anlautenden *Tenues* der Slaven und Romanen aus verschlossener Stimmritze angesprochen werden. Wenn Deutsche italienisch oder französisch sprechen und es nicht im Lande selbst oder von Landesangehörigen gelernt haben, so zeigen ihre anlautenden *Tenues* etwas Schleppendes gegenüber den knappen *Tenues* des Romanen, was mir von der frühzeitig geöffneten Stimmritze herzurühren scheint.

Kempelen hat schon sehr genau und richtig auseinander gesetzt, dass das *b* sich vom *p* nur dadurch unterscheidet, dass bei ersterem die Stimme bei Lösung des Verschlufses tönt, bei letzterem aber der Ton der Stimme immer erst beginnen kann, nachdem der Verschlufs bereits eine merkliche Zeit gelöst ist, ja dass man sogar beim *b* die Stimme schon einen Moment vor der Lösung des Verschlufses tönen lassen kann, indem man die Luft durch die zum Tönen verengte Stimmritze in den Blindsack, den die Mundhöhle bildet, hineintreibt, wie dieses bei den Franzosen in der That häufig geschieht, bei uns Deutschen aber selten. Auch

Purkiňe spricht von diesem Laute, der beim Hindurchdrängen von Luft durch die zum Tönen verengte Stimmritze in die abgeschlossene Mundhöhle entsteht, und nennt ihn Blählaut, weil sich die Backen aufblähen, wenn man ihn beim *b* hervorbringt. Wir werden später noch wieder auf ihn zurückkommen.

Eben so können wir ein *b* hervorbringen, wenn wir bei tönender Stimmritze und gesperrten Choanen die Lippen schliefsen, und thun dies z. B. wenn wir das Wort *abmühen* sprechen, ohne dabei, wie es gewöhnlich geschieht, das *b* in ein *p* zu verwandeln. Wir können also demnach sagen, das Zeichen *b* bedeute geschlossene Lippen und gesperrten Nasencanal bei zum Tönen verengter Stimmritze, und der dazugehörige Laut wird, wenn ich mich so ausdrücken darf, eruptiv (explosiv) und prohibitiv gebildet, je nachdem es die Natur der Nachbarlaute mit sich bringt.

Reibungsgeräusche der ersten Reihe.

Betrachten wir das *f*, so ist es bekannt, dass dasselbe gebildet wird, indem wir die oberen Schneidezähne lose auf die Unterlippe setzen und zwischen beiden die Luft hindurch treiben. Wir können aber auch ein *f* hervorbringen, indem wir die Enge, durch welche die Luft strömen muss, um das den Consonanten darstellende Reibungsgeräusch zu erzeugen, ohne Mitwirkung der Zähne und nur durch Annäherung der Lippen an einander herstellen. Dieses *f* ist etwas milder, als das gewöhnliche und wird von manchen Leuten da angewendet, wo wir im Deutschen ein *v* schreiben, während die meisten zwischen *f* und *v* gar keinen Unterschied machen. Dieses *f* unterscheidet sich nun, wie man leicht einsieht, vom *p* nur dadurch, dass bei diesem die Lippen geschlossen sind, bei dem milden *f* aber ein wenig geöffnet. Eben so ist es klar, dass man zu dem gewöhnlichen *f* auch das entsprechende *p* bilden kann, wenn man den Verschlufs nicht, wie bei dem gewöhnlichen *p* mit beiden Lippen, sondern mit der Unterlippe und den Oberzähnen bildet. Bezeichne ich nun das gewöhnliche *p* als p^1, das letztere als p^2, so kann ich die ihnen entsprechenden *F*-Laute als f^1 und f^2 bezeichnen, von denen also das letztere unser gewöhnliches deutsches *f* ist. Purkiňe bemerkt, dass das *f* in mehreren amerikanischen Sprachen und in allen echt slavischen Wörtern fehlt.

Es ist bekannt, dass das *w* entsteht, wenn wir den Mund für das *f* einrichten, aber, anstatt nur die Luft herauszublasen, die Stimme tönen lassen, und dass sich mithin das *w* zum *f* verhält wie das *b* zum *p*, oder dass das *w* in derselben Weise aus dem *b* entstanden gedacht werden kann wie das *f* aus *p*. Da wir aber nun zwei *f* haben, so müssen wir auch dem entsprechend zwei *w* haben, und so ist es auch in der That, wie dies schon Joh. Wallis (*Grammatica linguae Anglicanae, editio sexta, 1765*, S. 19, 20 u. 35) wusste, wenn er auch die beiden Arten nicht ganz richtig und erschöpfend bezeichnet hat. Wir haben beide Arten des *w* in der deutschen Sprache; das w^2 ist unser gewöhnliches *w*, das *v* der Franzosen und Engländer, das w^1 haben wir in den Wörtern, welche wir mit *qu* schreiben: z. B. *Quelle, Quirl, quälen* lautet: *kw¹elle, kw¹irl, kw¹a¹len.* Kempelen beschreibt die Bildung dieser beiden Laute schon sehr richtig (a. a. O., S. 357), das w^1 als *w*, das w^2 als *v*; er führt aber als Beispiele für das *w* (w^1) auf: *Wo, Wille, Wunde, Wahnwitz* u. s. w., während es wenigstens in Norddeutschland für correcter gilt, das *w* zu Anfange als w^2 zu sprechen. Es muss indessen hinzugefügt werden, dass das ursprünglich deutsche *w* wahrscheinlich w^1 war, denn einerseits besteht es als solches im Englischen noch in angelsächsischen Wörtern, wie *wool, wood,* während in ursprünglich französischen wie *virtue* das w^2 lautet, andererseits erzählt Max Müller (*On the pronunciation of Latin* in „*the Academy*" vom 15. December 1871), dass die Römer, als sie mit den Deutschen in Berührung kamen, deren *w* nicht durch ihr schon damals labiodentales *v* ausdrücken konnten, sondern für dasselbe im Anlaute *gu* schrieben. Er macht auch darauf aufmerksam, dass diese Auffassung des Lautes z. B. noch im französischen *guèpe* (im lothringischen Dialecte *vèpe*) ihre Spur hinterlassen habe. Dasselbe ist der Fall mit dem italienischen *Gualtero* für Walther, *guado* (französisch *guède* und *vouède*) für *waid* und vielen anderen.

Wir können die beiden Arten des *w* das labiale und das labiodentale nennen und ebenso unser gewöhnliches *f* als das labiodentale bezeichnen. Wir haben für diese drei Laute drei Zeichen, aber seltsamer Weise für das *f* eines zu viel und für das *w* eines zu wenig. Würden wir das w^1 mit *w* und das w^2 mit *v* bezeichnen, so würden wir uns nicht nur der Schreibweise der Franzosen, Engländer und Italiener nähern, sondern wir würden auch den Vortheil haben, dass das *q* in unserer Schrift entbehrlich würde, indem wir dann für *qu* einfach *kw* zu schreiben hätten.

Zitterlaut der ersten Reihe.

Wir können unsere Lippen lose aneinanderlegen wie zum p^1 oder b^1, und sie dann durch den hervorbrechenden Luftstrom in Schwingungen versetzen. Sie bilden hierbei ein Zungenwerk, dessen Schwingungen aber so langsam sind, dass die Stöfse einzeln als solche wahrgenommen werden. Wir können dies Zungenwerk durch den blofsen Wind oder mit tönender Stimme ansprechen und erhalten dadurch zwei Laute, welche sich zu einander verhalten wie *p* zu *b* und *f* zu *w*. Ich will in Ermangelung eines gebräuchlichen Zeichens für diese Laute vorläufig den tonlosen mit φ, den tönenden mit $\varkappa$ bezeichnen. Bei uns im Deutschen kommen sie in der Schriftsprache nicht vor, sondern nur als Interjectionen der Verachtung und des Abscheues. Den tönenden Laut hören wir auch von den Kutschern, wenn sie ihren Pferden Halt gebieten. Dagegen soll nach Forster (Chladni l. c., S. 213) ein Lippenzitterlaut in dem Namen einer Insel nicht weit von Neuguinea und sonst in der dortigen Sprache vorkommen.

Resonant der ersten Reihe.

Wenn man die Lippen schliefst wie zum b^1 und die Luft bei tönender Stimme zur Nase herausströmen lässt, so entsteht, wie bekannt, das m^1. Dieser Consonant hat kein eigenes vom Kehlkopf unabhängiges Geräusch, sondern er entsteht lediglich durch Resonanz der Stimme in der Mund- und Nasenhöhle; wenn man deshalb bei der Disposition der Mundorgane für das *m* die Luft aus der erweiterten Stimmritze austreibt, so hört man ein blofses Schnaufen. Aus dem b^2 lässt sich natürlich ein m^2 ableiten, welches aber nicht gebräuchlich ist.

Zweite Reihe.

Verschlufslaute der zweiten Reihe.

Das *t*, mit dem wir die Betrachtung der Consonanten der zweiten Reihe beginnen, unterscheidet sich vom *p* bekanntlich nur durch den Ort, wo der Verschlufs gebildet wird, und somit auch durch die Theile, welche ihn bilden. Beim *t* wird er hervorgebracht durch Contact des vorderen Theiles der Zunge mit dem Gaumen und den Zähnen. Es kann dies auf sehr verschiedene Weise geschehen. und ich habe aus Gründen, die später einleuchten werden, vier Arten des *t* aufgestellt.

1. Man presst die Seitenränder der Zunge an die oberen Backenzähne und legt den vorderen Theil sammt der Spitze an das hintere Zahnfleisch der oberen Schneidezähne so an, dass ein luftdichter Verschlufs gebildet wird. Wegen dieses Anstemmens an den Alveolarfortsatz des Oberkiefers, d. h. an den Theil desselben, in dem die Wurzeln der Zähne stecken, und der sich im Munde durch eine von ihm gebildete Convexität von dem concaven Gaumen unterscheidet, will ich diese Bildungsweise, welche bei uns die gewöhnliche ist, als die alveolare bezeichnen. Es ist dabei gleichgültig, ob die Zunge etwas höher oder etwas tiefer angelegt wird, nur darf sie einerseits nicht so tief liegen, dass sie ringsum nur noch die Zähne selbst berührt, andererseits nicht so hoch. dass ihre heraufgekrümmte Spitze sich vom Alveolarfortsatze entfernt und oben am höchsten Theile des Gaumengewölbes anliegt.

2. Diese letztere Lage, bei der die Unterseite der Zunge nach vorn convex wird und theilweise den Gaumen berührt,

giebt eine zweite Art des *t*, das sogenannte linguale oder cerebrale *t* des Sanskrit. Die Bezeichnung lingual ist unbrauchbar, weil alle Arten des *t* mit der Zunge gebildet werden, und aufserdem mit diesem Namen ganz andere Laute der semitischen Sprachen bezeichnet sind. Von der Bezeichnung cerebral haben Max Müller und Lepsius gezeigt, dass sie nur von einer falschen Übersetzung von *Murddhanya* (von *murddha, caput, cacumen*) herrührt, was Max Müller durch *cacuminales*, Lepsius durch Gaumendachbuchstaben wiedergiebt. Da indessen der Ausdruck Cerebralen so allgemein verbreitet ist und bei seiner Sonderlichkeit kein Misverständnis zulässt, so werde ich mich seiner nicht ganz entschlagen können und diese Art der Bildung mit dem Namen der cerebralen oder cacuminalen belegen.

3. Die dritte Art der Bildung des *t* werde ich als die dorsale bezeichnen. Sie besteht darin, dass man mit dem vorderen convex gemachten Theile des Zungenrückens gegen den vorderen Theil des Gaumens schliefst, während die Zungenspitze nach abwärts gebogen und gegen die unteren Schneidezähne gestemmt ist. Dieses *t* wird im Deutschen auch gebildet, von Vielen z. B. im *st* und *ts* (*Zett*), und muss schon deshalb besonders unterschieden werden, weil es in gewissen Combinationen, z. B. im *t'* der Czechen, als die regelrechte Form des *T*-Lautes erscheint.

4. Die vierte Art der Bildung will ich mit dem Namen der dentalen belegen, indem es für sie wesentlich ist, dass die Zunge den Verschlufs nur mit den Zähnen und nicht auch mit dem Gaumen bildet. Man kann dieses *t* bilden, indem man die Zahnreihen ein wenig von einander entfernt und den Spalt mit dem Zungenrande verstopft, oder indem man den Rand der flach liegenden Zunge ringsum an die obere Zahnreihe anpresst, oder endlich indem man die Spitze der flachliegenden Zunge nach abwärts biegt und hart über derselben durch festes Aufdrücken der oberen Zähne den Verschlufs bildet. Das *t dentale* wird vielfältig für das alveolare gebildet, ohne dass ihm im Alphabet ein eigenes Zeichen angewiesen wäre; es musste aber hier als besondere Form

unterschieden werden wegen der Eigenthümlichkeit des ihm entsprechenden Reibungsgeräusches, von dem ich später handeln werde.

Ich bezeichne diese vier Arten des *t* nach der Reihenfolge, in der ich sie beschrieben habe mit t^1, t^2, t^3, t^4. Sie können wie alle Tenues auf doppelte Weise gebildet werden, d. h. einmal so, dass die Stimmritze während des Verschlufses weit offen steht, das andere Mal so, dass sie während desselben geschlossen ist. Die vier entsprechenden Arten des *d* verhalten sich zu ihnen genau wie *b* zu *p*, das heifst, sie sind durch nichts als die zum Tönen verengte Stimmritze von ihnen verschieden. Auf sie ist, abgesehen von der veränderten Art des Verschlufses, alles anwendbar, was vom *b* gesagt wurde. Ich bezeichne sie mit d^1, d^2, d^3, d^4. Das d^1 ist unser gewöhnliches *d*, das d^2 ist das *d cerebrale* des Sanskrit; vom Gebrauche des d^3 und d^4 wird weiter unten gehandelt werden. Wir haben im Deutschen für die *t*- und *d*-Laute die Zeichen *t*, *th*, *dt* und *d*. Die drei ersten werden in der Aussprache factisch von Deutschen nicht unterschieden, obgleich man sie unterscheiden kann, wie es auch Ausländer, die das Deutsche nur unvollkommen erlernt haben, nicht selten thun. Vom *d* ist zu bemerken, dass es im Deutschen im Auslaute nie den Ton der Stimme behält, sondern immer wie *t* lautet, so dass in phonetischen Transscriptionen deutscher Schriftstücke für *d* im Auslaute immer *t* substituirt werden müsste.

Reibungsgeräusche der zweiten Reihe

Suchen wir nun aus den vier Arten des *t* die entsprechenden Reibungsgeräusche, die sich zu ihnen wie *f* zu *p* verhalten, zu entwickeln, indem wir den Verschlufs nicht vollkommen machen, sondern vorn eine kleine Öffnung lassen, aus der die Luft ausströmen kann, so kommen wir durch das t^1 zu einem *S*-Laute. Ich habe dieses s^1 früher für im Deutschen weniger häufig gehalten, als das später zu beschreibende s^3; ich habe mich aber später überzeugt, dass es noch häufiger ist, so weit man eben die Häufigkeit beurtheilen kann nach einer Reihe von Stichproben, bei denen man das *s* in verschiedenen Combinationen bilden lässt. Es ist wahrscheinlich das häufigste *s* der europäischen Sprachen überhaupt. Es ist auch, nach den Angaben der von Wallin citirten arabischen Orthoepisten, sowohl das *Sin* als das *So*^{a}*d* der Araber, und auch ich habe beide nach diesem Typus bilden sehen.

Aus dem t^2 erhält man gleichfalls einen *S*-Laut, aber er ist weniger scharf und zischend, als der vorige, mehr rauschend. Er sollte der Zischlaut der Cerebralreihe des Sanskrit sein, aber nach der jetzigen Aussprache kommt in der Cerebralreihe nur ein Zischlaut vor, und dieser wird wie *sch* [$s\chi$] gesprochen.

Das t^3 giebt das *s* im englischen *suit*, einen für das Ohr vom s^1 nicht sicher unterscheidbaren Laut, der auch im Deutschen überaus häufig als *s*, namentlich auslautend nach Vocalen, gebildet wird.

Das t^4 endlich giebt uns als entsprechendes Reibungsgeräusch das ϑ der Neugriechen, das *c* der Spanier vor *e* und *i*, das scharfe *th* der Engländer und das ث der Araber. Alle diese Laute sind untereinander gleich, und es ist von keinem Belange, ob die Zungenspitze zwischen den Zähnen liegt oder sich an die unteren Schneidezähne anstemmt, oder ob sie endlich dicht hinter den oberen Schneidezähnen liegt: das Wesentliche für den Laut ist, dass die Zunge mit den oberen Schneidezähnen und zwar mit ihnen allein die Enge bildet, während das charakteristische Zischen des *s* daraus hervorgeht, dass die Enge nicht mit den Zähnen, sondern hinter den Zähnen gebildet wird, und der durch die Enge hervorgetriebene Luftstrom durch seinen Anfall gegen die Zähne das Zischen hervorbringt. Deshalb musste das t^4, das rein dentale *t*, als ein besonderer Laut unterschieden werden, da es uns als Stammlaut für ein von den übrigen Sibilanten wesentlich verschiedenes Reibungsgeräusch dient. Im Russischen ist das griechische ϑ bekanntlich in *f* übergegangen, und dieser Lautwechsel erscheint in der That als sehr leicht erklärlich, wenn man bedenkt, dass dazu weiter nichts nöthig ist, als dass der Schärfe der oberen Schneidezähne, deren natürliche Lage zwischen Zungenspitze und Unterlippe ist, die letztere statt der ersteren genähert werde, um mit ihr die Enge zu bilden. Es ist ferner leicht erklärlich, dass ein Theil der Araber das ث als *t* spricht, indem der Zungenrand die Zähne ringsum berührt, und somit auch die enge Öffnung zwischen beiden, welche zur Bildung des eigentlichen Lautes des ث nöthig ist, verschlossen wird, während andererseits Perser und Türken aus diesem Laute ein scharfes *s* machen, indem sie die Enge etwas mehr nach aufwärts am Alveolarfortsatze bilden, so dass der durch die Enge schon concentrirte Luftstrom gegen die Zähne anfällt. Beide Fehler werden notorisch auch von Deutschen begangen, wenn sie den gleichen Laut im Englischen, das scharfe *th* in *thing*, aussprechen wollen, häufiger noch sprechen diese *d* oder *ds*.

Zu diesen vier Lauten, welche ich so eben beschrieben habe und mit s^1, s^2, s^3, s^4 bezeichnen will, muss ich durch Mittönen der Stimme vier entsprechende tönende Laute entwickeln können, die sich zu ihnen wie *w* zu *f* verhalten und in derselben Weise aus dem *d* entstanden sind, wie *s* aus *t*. Ich will sie mit z^1, z^2, z^3, z^4 bezeichnen.

Es ist klar, dass z^1, z^2 und z^3 tönende oder wie wir uns auszudrücken pflegen, weiche *S*-Laute sind und zwar z^1 und z^3 unser gewöhnliches weiches *s* in *Sohn, singen*. Das z^4 ist das weiche (tönende) *th* der Engländer, wie es in der *other* und *with* lautet, das δ der Neugriechen und das ذ der Araber. Dass ein Theil der Araber diesen Laut mit *d* verwechselt, während die von Maskate, so wie die Perser und Türken es mit dem weichen *s* verwechseln, erklärt sich, so wie die Verwechselung des *Tsa* mit *s* und *t*.

Wenn das weiche *th* im Englischen ein Wort anfängt, so erfolgt die Lösung der Zunge von den Zähnen oft erst, wenn die Stimme hervorbricht, so dass man kein reines z^4, sondern ein d^4z^4 hört. Daher rührt der unglückliche Brauch, das englische *th* mit *ds* zu transscribiren, den man in einzelnen in Deutschland erschienenen Wörterbüchern findet.

Wir haben im Deutschen, wie gesagt, zwei tonlose *S*-Laute s^1 und s^3, die wir wegen ihrer grofsen Ähnlichkeit promiscue gebrauchen, und zwei tönende z^1 und z^3, mit denen dasselbe geschieht. Wenn wir also ein Zeichen für das tonlose und eines für das tönende *s* hätten, so würde dies dem praktischen Bedürfnisse genügen. Statt dessen aber haben wir drei Zeichen, die doch ihrem Zweck nicht vollständig entsprechen, indem zwar *sz* nur für das tonlose *s* steht, dagegen *ſ* und *s* bald für das tonlose, bald für das tönende gebraucht werden.

Es ist bekanntlich strittig, ob man im Deutschen zwei Arten des tonlosen *s* zu unterscheiden habe, je nachdem auf gothischer Lautstufe schon ein *s* oder noch ein *t* gefunden wird. Da unser herrschendes *t* das t^1, das alveolare *T* ist, so könnte man glauben, dass sich aus diesem das gleichfalls alveolare s^1 entwickelt und als zweiter Laut neben das ursprüngliche dorsale s^3 gestellt habe. Sollte dies der Fall gewesen sein, so sind doch jedenfalls in der jetzigen Aussprache alle Spuren davon verwischt, und selbst Diejenigen, denen, wie mir selbst, das Niedersächsische, in dem sich die *T*-Laute erhalten haben, Muttersprache ist, bilden das *S* bald alveolar, bald dorsal, ganz ohne Rücksicht darauf, ob der Laut im Niedersächsischen auch *s* ist oder *t*.

L-Laute.

Aus den vier Arten des *T* kann man noch eine zweite Gruppe von Lauten entwickeln, wenn man den Verschlufs nach vorn zu, wie beim *T*, vollständig macht, aber neben den hinteren Backenzähnen jederseits eine Öffnung lässt, so dass sich der Luftstrom auf der Zunge theilt und durch die besagten Öffnungen hindurch an der Innenfläche der Backen entlang zur Mundöffnung strömt. Die hierdurch entstehenden Geräusche will ich je nach der Art des *T*, dem sie entsprechen, mit λ^1, λ^2, λ^3, λ^4 bezeichnen. Es sind vier Arten des tonlosen *l*, auf dessen Existenz im Munde der Deutschen Joh. Müller aufmerksam macht, und das nach Purkiňe im Polnischen vorkommt. Es findet sich aufserdem nach mir gemachten mündlichen Mittheilungen im Wälischen und wird daselbst mit *ll* geschrieben. Lloid ist ein ursprünglich wälischer Name und wird von den Walshmen *λ¹ūid* ausgesprochen. Es kommt das tonlose *L* ferner im Vulgär-Arabischen überall da vor, wo *l* im Auslaute steht und ihm ein nicht vocalisirter tonloser Consonant vorhergeht.

Lässt man die Stimme mittönen, oder, was dasselbe heifst, entwickelt man die vier analogen Laute aus d^1, d^2, d^3 und d^4, so kommt man auf das gewöhnliche oder tönende *l*, dessen vier Arten ich mit l^1, l^2, l^3 und l^4 bezeichnen will. Das l^1 ist das gewöhnliche *l* der Deutschen, das l^2 ist nach Böthlingk der eigenthümliche *L*-Laut der Veden, den Bopp *lra* nennt[18]). Nach Böthlingk ist es zugleich das polnische ł. Schon Kempelen betrachtete es als solches und auch ich habe es in meiner ersten Abhandlung so dargestellt, da ein Wilnaer, der damals meinen Vorlesungen beiwohnte, es für richtig hielt. In späterer Zeit wurden mir aber von Professor von Miklosich Zweifel dagegen erweckt, und ich untersuchte deswegen mit einem geborenen Polen, Herrn Professor von Piotrowski, die Sache auf's Neue. Er fand nun, dass er nicht nur l^2, sondern auch l^1 und l^4 abwechselnd mit dem Laute *l* und mit dem Laute ł hervorbringen konnte, und dass er im ersteren Falle mit dem gröfsten Theile des Zungenrandes Verschlufs bildete und zu beiden Seiten je eine kleine Öffnung liefs, im letzteren aber nur den vorderen Theil der Zunge anstemmte, so dass jederseits eine grofse längliche Öffnung blieb. Eine von den Angaben aller übrigen Schriftsteller abweichende Beschreibung giebt Purkiňe; sie ist aber gewiss um so beachtenswerther, als dieser genaue Beobachter die polnische Sprache schrieb und sprach, wenn sie ihm auch nicht Muttersprache

---

[18]) Bemerkungen zur zweiten Ausgabe von Bopp's Grammatik der Sanskritsprache. Petersburg, 1845.

war. Er giebt an, dass der Zungenrücken den Gaumen, und zwar in der Lage wie beim *k* und *g* berühre, während die Luft zu beiden Seiten ausströmt. Hiernach würde das polnische ł gar nicht in diese Reihe gehören, sondern der Repräsentant der *L*-Laute für die folgende mit *g* und *k* beginnende sein, in der sonst keine *L*-Laute vorkommen. Nach Purkiňe kommt dieser *L*-Laut im Polnischen auch tonlos vor, z. B. in *szedł*. Ich kann mich der Ansicht von Purkiňe nach weiteren Beobachtungen an geborenen Polen nicht anschliefsen. Ich finde, wie Professor von Piotrowski, dass sich das ł als l^2 als l^1 und als l^4 hervorbringen lässt. Ich finde ferner, dass die Articulation des *l* gar nicht das Charakteristische im Laute macht, sondern dass das Charakteristische in dem vertieften Klange der Stimme liegt, mit dem es hervorgebracht wird. Ein junger Warschauer, der in meinem Laboratorium arbeitete, sprach in dem Laute gar kein *l* mehr, sondern ein w^1 mit dem charakteristischen vertieften Klange der Stimme. Er sagte, dass diese Aussprache nicht richtig, aber in Warschau häufig sei. Der vertiefte Klang der Stimme, von dem ich später noch sprechen muss, wenn ich vom ض der Araber zu handeln haben werde, bringt mit sich, dass der Kehlkopf herabgezogen wird und damit hängen wieder die von Prof. v. Piotrowski beobachteten gröfseren Seitenöffnungen zusammen. Die Zunge hängt durch Zungenbein und Kehldeckel mit dem Kehlkopfe zusammen. Rückt derselbe nach abwärts, so liegt sie bei ein und derselben Articulation schmäler im Munde, da sie mehr der Länge nach ausgezogen ist, und folglich sind die Seitenöffnungen gröfser.

Nach einer mir von Dr. Onsum gemachten Mittheilung existirt im Norwegischen dialectisch ein wahres l^2 z. B. in *ōl²a°*, dänisch *Olaf*. Im Englischen scheint es als auslautendes *l* z. B. in *well*, *bell* öfter gebildet zu werden.

Das l^3 ist enthalten im *l mouillé*, von dem ich später handeln werde, und das l^4 wird namentlich von Leuten gebildet, welche lispeln. Wer übrigens eine vollständige obere Zahnreihe hat, der kann es dem l^1 substituiren, ohne dass es auffällig wird. Die Sanskritgrammatiker rechnen ihr gewöhnliches *l* zu den Dentalen, man kann aber daraus nicht mit Bestimmtheit schliefsen, dass es ein l^4 war, da sie die alveolare Articulationsstelle zwischen der dentalen und cerebralen nicht besonders unterschieden, also auch ein l^1 mit zu den dentalen rechnen konnten, wie sie s^1 factisch dazu rechneten.

Zitterlaute der zweiten Reihe.

Der Zitterlaut dieser Reihe ist das gewöhnliche oder Zungen-*r*. Ich will es, wenn es wie gewöhnlich den Ton der Stimme hat, mit *r*, wenn es tonlos ist, mit *ɨ* bezeichnen. Die Zunge liegt dabei in der Gleichgewichtslage, von der aus sie in Vibration versetzt wird, ähnlich wie bei t^1 und s^1. Der Rand derselben liegt hinter den Alveolen der Oberzähne, aber er bildet keinen festen Verschlufs, wie für das t^1, und auch keine rinnenförmige Enge, wie bei dem s^1, sondern er ist etwas nach aufwärts gebogen und frei beweglich, so dass der Impuls der aus den Lungen hervorgeblasenen Luft den vorderen Theil der Zunge zuerst nach abwärts drückt, worauf sie wieder in ihre ursprüngliche Lage zurückschnellt, wieder herabgedrückt wird und so fort. Die Sanskritgrammatiker rechnen *r* zu den Cerebralen, und das Sanskrit-*r* müsste hiernach nicht vom d^1 sondern vom d^2 abgeleitet werden. Ich glaubte früher nicht an die Möglichkeit eines wirklich cerebralen *r*, aber Professor von Piotrowski hat mich von derselben überzeugt. Da übrigens die Inder die alveolare Articulation nicht unterscheiden, sondern nur die dentale und cerebrale, so muss es zweifelhaft bleiben, in welcher Höhe sie das *r* articulirt haben.

Resonanten der zweiten Reihe.

Bildet man den Verschlufs im Mundcanal ganz wie zum d^1, d^2, d^3, d^4, und lässt dabei die Luft bei tönender Stimme zur Nase heraustreten, so bilden sich n^1, n^2, n^3, n^4, die sich also zu den entsprechenden Arten des *d* ganz so verhalten, wie *m* zu *b*, und sich vom *m* nur durch die Art des Verschlufses unterscheiden. Das n^1 ist das gewöhnliche *n* der Abendländer und das *Nûn* der Araber. Das n^2 ist das *n cerebrale* des Sanskrit, das n^3 ist im *n mouillé* enthalten und verhält sich zu ihm ganz wie das *l* zum *l mouillé*. Das n^4 wird individuell für das n^1 gebildet, vielleicht war es das dentale *n* des Sanskrit, denn die Inder bilden noch jetzt *d*, *t* und *n* mehr dental als die abendländischen Völker.

Dritte Reihe.

Verschlufslaute der dritten Reihe.

Es ist bekannt, dass sich das *k* vom *t* dadurch unterscheidet, dass hier nicht der vordere Theil der Zunge mit dem vorderen Theile des Gaumens, sondern der mittlere oder hintere Theil der Zunge mit dem mittleren oder hinteren Theile des Gaumens den Verschlufs bildet. Man kann also im Allgemeinen sagen, die Articulation des *k* beginne da, wo die für das *t* aufhört. Doch ist hierbei zu bemerken, dass man bei der Bildung des cacuminalen (cerebralen) *t* weit über die vordere Grenzlinie des *k* hinaus nach rückwärts greifen kann und doch immer noch ein *t* hervorbringt. Wenn man dagegen das dorsale *t* hervorbringt, welches in Rücksicht auf die Zungenlage dem *k* am nächsten steht, und nun mit dem Verschlufse langsam nach rückwärts fortschreitet, so lautet, nachdem man über eine gewisse Grenze hinausgekommen ist, unvermeidlich ein *k*. Hierauf beruht die Methode, Taubstummen das *k* beizubringen, indem man sie auffordert, ein *t* zu sprechen, und ihnen dabei mit dem Finger oder einem Mundspatel den vorderen Theil der Zunge herabdrückt, damit sie mit diesem den Verschlufs nicht bilden können, sondern gezwungen sind, ihn mit dem hinteren Theile zu bilden, wenn er überhaupt zu Stande kommen soll. Es scheint bei der Unterscheidung des *t* und *k* wesentlich auf die Gröfse des vor und hinter dem Verschlufse liegenden Raumes anzukommen. Ich habe auch beim *k*, wenn sich die Explosion vorbereitet, ein Gefühl von activer

Spannung im weichen Gaumen, als ob derselbe sich zusammenzöge, um den Kehlraum zu verkleinern, während dies beim *t* nicht der Fall ist. Ich bin indessen über diesen Punct wieder zweifelhaft geworden, denn bei einer von meinem verstorbenen Freunde und Collegen Schuh operirten Frau, bei der man von obenher auf das Gaumensegel sehen konnte, ergab dessen Ansicht keinen Unterschied, wenn *t* und *k* abwechselnd hervorgebracht wurden.

Man muss drei Arten des *k* unterscheiden, eine, welche am harten, eine, welche am weichen Gaumen und eine, welche an der Grenze von hartem und weichem Gaumen gebildet wird. Man fühlt die Grenze zwischen hartem und weichem Gaumen leicht, wenn man mit dem Zeigefinger, die Nagelseite nach abwärts gewendet, am Gaumen entlang und gegen den Rachen hingleitet. Wenn man auf diese Weise die beiden ersten Fingerglieder in den Mund gebracht hat und dann auch das dritte hineinschiebt, so fühlt man, wie der Widerstand des Knochens unter dem Finger plötzlich schwindet, und derselbe nun gegen einen weichen nachgiebigen Körper, den weichen Gaumen oder das Gaumensegel, *palatum molle, velum palatinum*, angedrückt wird.

Ich will die drei Arten des *k* mit k^1, k^2 und k^3 bezeichnen. Am meisten nach vorn liegt das k^1, welches im Italienischen mit *ch*, z. B. in *chiesa*, bezeichnet wird; näher der hinteren Grenze des k^1 liegt unser *k* vor *e* und *i*. Unser *k* vor und nach *a*, *o* und *u* ist ein k^2, ein *k* das an der Grenze von hartem und weichem Gaumen gebildet wird.

Die Unterschiede in der Articulation des *k* je nach seiner Vocalverbindung erklären sich aus der Stellung der Mundtheile bei den Vocalen: beim *e* und *i* ist nur ein kleiner Raum zu verschliefsen, und die Stellung für k^1 ist fertig, während man vom *u* und *o* und auch vom o^a und a^o leichter zum Verschlufse des k^2 gelangt, das an der Grenze von hartem und weichem Gaumen articulirt wird.

An der hinteren Grenze der sämmtlichen *K*-Laute und der Verschlufsconsonanten überhaupt, liegt das k^3, das ق

der Araber. Es fragt sich nun eben, wodurch diese hintere Grenze gesteckt sei. Wir brauchen den hintersten Theil des Gaumensegels mit den hinteren Gaumenbögen, um den Kehlraum von der Nase abzuschliefsen, damit die Luft nicht durch diese entweicht, zugleich aber sollen wir die Zunge bis gegen das Gaumensegel erheben, um den Kehlraum gegen die Mundhöhle abzusperren, dies muss beim ق so weit als möglich nach hinten geschehen, so dass also beim ق der Kehlraum, in den die Luft eingepresst wird, kleiner ist, als bei irgend einem anderen Verschlufsconsonanten. Wir können zwar Kehlraum und Mundhöhle noch etwas weiter nach hinten von einander trennen, indem wir die Zungenwurzel mit den vorderen Gaumenbögen und dem freien Rande des Gaumensegels in Contact bringen, aber dann wird es uns unmöglich, den Kehlraum auch gegen die Nase abzuschliefsen. Wir müssen dann mit den Fingern die Nase verschliefsen, um die Luft einzusperren und durch die dann folgende Explosion ein dem *k* ähnliches Knacken hervorzubringen. Ein solcher Laut kommt begreiflicherweise in keiner Sprache vor, und wir sind somit am Ende der Verschlufsconsonanten angelangt, die wir, Schritt für Schritt fortrückend, in ihrer tonlosen Modification vollständig erschöpft haben.

Das *g* wird aus dem *k* entwickelt, indem man die weit offene Stimmritze zum Tönen verengt. Es verhält sich mithin das *g* zum *k* genau ebenso, wie das *b* zum *p* und das *d* zum *t*. Es giebt eben so viel Arten des *g*, als es Arten des *k* giebt, oder richtiger gesagt, beide haben dasselbe und ein gleich grofses Articulationsgebiet. Das vorderste *g* ist das italienische *gh* vor *i*, z. B. in *ghirlanda*, unser deutsches *g* in *geben* liegt etwas weiter nach hinten, aber auch noch am harten Gaumen; dagegen liegt aber das *g* in *Gurt* und *Schmuggel* schon an der Grenze von hartem und weichem Gaumen. Das hinterste *g*, das g^3 ist das ق der Araber in seiner tönenden Aussprache, in der es bei vielen Stämmen vorkommt.

Wir haben im Deutschen ein Zeichen, welches für das vordere und hintere *k*, und eines, welches für das vordere und hintere *g* dient. Dies ist kein Mangel, da man ein für alle Male weifs, dass man mit *e* und *i* das vordere, mit *a*, *o* und *u* das hintere *g* zu verbinden hat, ja wenn man dies auch nicht wüsste, so würde es sich schon von selbst ergeben.

Mislicher ist es, dass das *g* im Auslaute bisweilen geschrieben wird, wo man statt seiner allgemein einen anderen Laut spricht. Dies ist zunächst überall der Fall, wo es im Auslaute dem Resonanten folgt, indem hier stets der Lautwerth *k* ist, wie z. B. in *Gang*, welches, wenn im Auslaute überhaupt ein Verschlufslaut gehört [19]) wird, *Gank* lautet.

Es giebt Leute, welche sich bemühen, dieses *g* als solches auszusprechen, und glauben dadurch ihre Sprache zu verbessern; aber Niemand spricht *und*, obgleich es doch geschrieben wird, sondern Jedermann *unt*, und jenes *g* ist auch niemals gesprochen, ja nicht einmal immer geschrieben worden. Wollte man sich auf die Genitivendung berufen, so würde dies gerade so sein, als wenn man behaupten wollte, dass im Lateinischen nicht *pes* und *infans*, sondern *ped* und *infant* zu sprechen sei. Es ist auch leicht erklärlich, dass die Media im Auslaute nach dem Resonanten in die Tenuis übergeht, oder ganz verschwindet. Wenn sie in dieser Combination tönen soll, so ist der Mundcanal bereits geschlossen; es erübrigt also nur noch, dass der Nasencanal verschlossen wird; dies giebt aber für sich allein kein einigermafsen auffälliges Consonantengeräusch, da wegen der Nachgiebigkeit der umgebenden Theile und der Zusammendrückbarkeit der Luft die letztere noch eine kurze Weile während des Verschlufses durch die zum Tönen verengte Stimmritze hervorgetrieben wird und dabei ein Summen hervorbringt, welches im ersten Momente dem Resonanten sehr ähnlich ist, und ihm um so unähnlicher, zugleich aber auch

---

[19]) Einige unterdrücken den Verschlufslaut ganz und lauten mit dem Resonanten derselben Reihe aus, was jedoch wohl nur da zu empfehlen sein möchte, wo die Declinationsendung *e* weggefallen ist.

um so schwächer wird, je mehr sich die Luft zwischen der Stimmritze und dem Verschlufse verdichtet. Durch die nachfolgende Explosion kann man die Media auch nicht bemerklicher machen, denn dann müsste sie tönend sein, und somit würde das Wort nicht in die Media selbst, sondern in einen ihr angehängten Vocal auslauten. Will man deshalb den Verschlufslaut am Ende mit derselben Energie wie die übrigen Consonanten hervortreten lassen, so muss man durch Eröffnen der Stimmritze bei Bildung des Verschlufses den Ton des Resonanten plötzlich abbrechen und dann die Luft tonlos explodiren lassen, das heifst, man muss die Tenuis statt der Media sprechen. Die Engländer thun dies nicht, sondern bringen ihre Media hinter dem Resonanten so gut hervor, als es eben geht. *b* und *d* sind dabei in ihrer Aussprache noch deutlich erkennbar, nicht aber das *g*, und es ist sogar bewusste und allgemeine Regel, hier mit dem Ton des Resonanten auszulauten und das *g* der Schrift, z. B. in *long*, *thing* u. s. w. in der Aussprache vollständig zu unterdrücken.

Auch nach *l* und *r*, z. B. in *Talg* und *Zwerg*, wird das *g* selten mit seinem eigenen Laute, häufiger als *k* und noch häufiger als *ch* ausgesprochen, ohne dass man eine der beiden letzteren Aussprachen als die regelrechte aufstellen könnte. Ja viele Deutsche verwandeln jedes *g* im Auslaute in ein *k* oder *ch*, so wie *d* im Auslaute in *t* und *b* in *p*. Es ist dies nichts Willkürliches, sondern wird einerseits befördert durch die Schwierigkeit, welche die markirte Aussprache der auslautenden Media darbietet, andererseits wird es gerechtfertigt durch die ältere Schreibweise, indem erst im vierzehnten Jahrhundert die Media im Auslaute an die Stelle der Tenuis zu treten beginnt. Auch die Aussprache des *g* als *ch* ist offenbar an vielen Stellen alt, wie z. B. die ältere Schreibweise *perch* für *berg* zeigt.

Reibungsgeräusche der dritten Reihe.

Suchen wir aus den verschiedenen Arten des *k* Reibungsgeräusche ganz in derselben Art abzuleiten, wie wir *f* aus *p* und *s* aus *t* abgeleitet haben, das heifst, indem wir den

Verschlufs nicht ganz vollständig machen, sondern in der Mittellinie des Zungenrückens eine Rinne bilden, durch welche die Luft ausströmen kann, so erhalten wir eine Reihe von Reibungsgeräuschen, die wir im Deutschen mit *ch* bezeichnen. Ich werde diese Laute mit χ^1, χ^2 und χ^3 bezeichnen. Wie es für die *S*-Laute gemeinsam und charakteristisch war, dass der aus der Enge hervortretende Luftstrom gegen die Zähne anfällt, so ist es für die *Ch*-Laute charakteristisch, dass er gegen den Gaumen und nicht gegen die Zähne gerichtet ist. Das k^1 führt uns auf das *ch*, wie wir es nach *e* und *i* z. B. in *Recht* und *Licht* sprechen und wie das χ der Neugriechen vor einem *I*-Laute z. B. in χείρ klingt, das k^2 auf das *ch* nach *a*, *o* und *u*, z. B. in *Wache*, *Woche*, *Wucht*. Dem k^3, dem ق der Araber, entspricht oft das χ der Neugriechen, wenn es vor α, ο, ου und ω lautet. Das χ der Neugriechen verschiebt sich also je nach dem Vocal noch stärker als unser *ch*, denn während es mit einem *I*-Laute als χ^1 lautet, rückt es mit *A*-, *O*- und *U*-Lauten nicht nur bis χ^2 sondern vielfältig auch bis χ^3 zurück. Schon Purkiňe hat auseinandergesetzt, wie das *ch*, welches nach *a*, *o* und *u* folgt, weiter nach hinten liegen muss, als das, welches auf *e* und *i* folgt, weil bei *e* und *i* die Mittelzunge dem harten Gaumen, bei *a*, *o* und *u* aber die Hinterzunge dem weichen Gaumen mehr genähert ist, und er bemerkt, dass, wo ein hinteres *ch* auf *i* folgt, letzteres in das tiefe (dumpfe, unvollkommen gebildete) *i* übergeht, [wobei die Enge für das *i* weiter nach hinten rückt], oder sich zwischen *i* und *ch* ein sehr kurzes *a*, ein sogenanntes *a furtivum* einschiebt.

Bei der Bildung des hintersten χ wird der mittlere Theil des Gaumensegels stark nach hinten und oben gegen die hintere Rachenwand hingeschoben, die hinteren Gaumenbögen nähern sich von beiden Seiten, aber so, dass zwischen ihnen noch ein Raum von etwa $1^1/_2$ Linien Breite bleibt, die vorderen Gaumenbögen verlieren ihre Krümmung, so dass sie zwei gerade Schenkel bilden, die oben in der Mittellinie des Gaumensegels in einem fast rechten Winkel zusammenlaufen der hintere Theil der Zunge hebt sich und legt sich an die vorderen Gaumenbögen, die Mandeln und das Zäpfchen, aber so, dass neben dem letzteren zu beiden Seiten etwas Luft hindurchströmen kann. So entsteht der tiefste und rauheste von allen χ-Lauten. Wir werden denselben später auch als Bestandtheil eines zusammengesetzten Consonanten kennen lernen.

Lassen wir zum χ^1 die Stimme mittönen, so kommen wir auf das *Jot*, das *I consona* der Deutschen, welches ich mit y^1 bezeichnen will. Ebenso lässt sich aus dem χ^2 ein y^2 entwickeln, das im Plattdeutschen vorkommt, z. B. in dem Worte *la^o^‘y^2* (Lüge). Diesem Laute entspricht bisweilen auch das γ der Neugriechen vor α, o und ω; in anderen Fällen liegt es weiter nach hinten und ist dann y^3.

Das letztere erhält durch die Reflexion der Schallwellen von dem elastischen gespannten Gaumensegel etwas überaus hartes vibrirendes, so dass es in Vocalverbindung anlautend leicht für einen *r*-Laut gehalten werden kann, wodurch schon sehr geübte Ohren getäuscht worden sind. Ich kann zwar nicht behaupten, dass im γ der Neugriechen nicht vielleicht die Uvula bisweilen wirklich mit in Vibration versetzt wird, wie dies im غ der Araber geschieht; aber ich kann den Consonanten in seiner vollen Härte und Rauhigkeit hervorbringen, ohne die geringste Bewegung des Zäpfchens oder der Zunge.

Zitterlaut der dritten Reihe.

Wenn man sich ähnlich wie zum χ^3 einrichtet, aber in der Mittellinie der Zunge, da wo das Zäpfchen zu liegen kommt, eine tiefe Rinne bildet, so dass sich dasselbe frei bewegen kann, und es dann durch den heraustretenden Luftstrom in Schwingungen versetzt, so erhält man das tonlose *r gutturale*, oder richtiger *r uvulare*, welches ich mit ξ bezeichnen will, und wenn man die Stimme dazu mittönen lässt, das gewöhnliche tönende *r uvulare*, das provençalische *r* der Franzosen, welches jetzt auch in Paris häufig genug ist. Ich finde die Bildung dieses Lautes zuerst richtig beschrieben bei du Bois Reymond, dem Vater, während er sonst bald von einem Zittern der Zungenwurzel, bald vom Zittern des Gaumensegels hergeleitet ward. Das Zittern der Zungenwurzel ist, wo es überhaupt vorkommt, nur secundär und hat mit der Erzeugung des Lautes nichts zu schaffen. Das Zittern des Gaumensegels ist eben so wenig wesentlich für den Laut; es macht ihn nur schnarrend und unangenehm, während man gerade, wenn es vollständig vermieden wird, so dass nur das Zäpfchen allein vibrirt, das Zungen-*r* am besten nachahmt.

Resonanten der dritten Reihe.

Wenn man den Verschlufs des Mundcanals für g^1 und g^2 bildet, aber die Luft bei tönender Stimme zur Nase herausströmen lässt, so erhält man zwei Laute, die ich mit π^1 und π^2 bezeichnen will, und die sich zu den entsprechenden *g* verhalten wie *n* zu *d* und *m* zu *p*. Das π^1 ist das *n* in *Klingel, Bengel*, das π^2 das in *Wange, Schwung* u. s. w. Man kann auch ein π^3 bilden, und ich habe früher mit Kempelen geglaubt, dass dies das *n nasale* der Franzosen in *un, en dans, ranger* sei. Ich habe mich aber später überzeugt, dass Ségond Recht hat, der angiebt, dass das sogenannte *n nasale* der Franzosen gar kein Consonant sei, sondern nichts als der dem vorhergehenden Vocale mitgetheilte Nasenton. Es mag auf den ersten Anblick seltsam erscheinen, dass man zweifeln kann, ob in diesen so bekannten Lauten ein Resonant enthalten sei oder nicht; es wird dies aber weniger befremden, wenn wir uns daran erinnern, wodurch den Vocalen der Nasenton mitgetheilt wird. Es geschieht dies dadurch, dass sich das Gaumensegel herabsenkt, so dass es mit seinem freien Rande über der Stimmritze schwebt und sich mithin der Luftstrom zwischen Mund und Nase theilt. Dass die Vocale in *un, en, dans* u. s. w. den Nasenton haben, daran zweifelt Niemand; es zweifelt also auch Niemand, dass das Gaumensegel herabgesenkt sei; es handelt sich nur darum, ob es noch etwas von der Zungenwurzel entfernt bleibt, oder ob es sich wirklich so weit herabsenkt, dass es dieselbe mit seinem freien Rande berührt und somit den Verschlufs für π^3 bildet. Ich finde, dass dies nach der herrschenden Aussprache des Französischen nicht mehr der Fall ist, wenn man auch kaum zweifeln kann, dass hier früher ein Resonant war, da alle jene Wörter im Lateinischen und Italienischen ein *n* haben, und dasselbe auch im Französischen noch geschrieben wird.

V. Abschnitt.

Rückblick auf die einfachen Consonanten und ihr System.

(Zusammenhang von Laut und Zeichen. — Tenues und Mediae. — Liquidae.)

Bei den Verschlufslauten, die ich immer an die Spitze der Reihen gestellt habe, steht das Zeichen, wie ich bereits erwähnte, für den Verschlufs, nicht für die bei Durchbrechung desselben stattfindende hörbare Explosion; denn diese kann fehlen, wie dies immer der Fall ist, wenn auf den Verschlufslaut der ihm entsprechende Resonant folgt, z. B. in *Hüttner* und in englisch *shipment*, indem dann der Mundcanal für den Resonanten geschlossen bleiben muss, und die Luft durch den Nasencanal ausgelassen wird. Das Zeichen steht auch nicht für das Klappen bei der Bildung des Verschlufses, denn dies kann gleichfalls fehlen, wie dies stets der Fall ist im Anlaut und sonst, wenn dem Verschlufslaute ein anderer Verschlufslaut oder ein Resonant vorangeht, z. B. für *t* in *raubten*, *hinten*.

Man könnte hiergegen einwenden, dass doch schwerlich die Erfinder der Zeichen *p*, *t* und *k* mit diesen etwas anderes als den Laut hätten bezeichnen wollen; aber so schlagend dieser Einwand auf den ersten Anblick erscheint, so zerfällt er doch bei näherer Betrachtung in Nichts. Die Consonantenzeichen sind ursprünglich nicht als solche erfunden, sondern als Sylbenzeichen, und erst später sind sie durch Einführung eigener Zeichen für die mit ihnen zu Sylben verbundenen Vocale auf ihren jetzigen Lautwerth reducirt worden. Dies zeigen in verschiedener aber gleich deutlicher Weise die Dêvanâgirî und die semitischen Alphabete. Von der Intention des Erfinders kann also nicht mehr die Rede sein, sondern lediglich davon, in welchem Sinne sich jetzt die Zeichen consequent anwenden lassen und factisch angewendet werden. In letzterer Beziehung könnte man gegen die erwähnte Ansicht geltend machen die Verdoppelung der Verschlufslautzeichen und dies um so mehr, als in der That, da wo sie einfach stehen, sehr häufig entweder die Explosion oder das Geräusch der Bildung des Verschlufses unhörbar oder doch sehr schwach werden. Man könnte deshalb meinen, bei Verdoppelung der Zeichen stehe das eine für das Geräusch der Bildung des Verschlufses, das zweite für die Explosion. Man würde aber hierdurch zu Consequenzen geführt werden, die nicht haltbar sind. Wir verdoppeln die Zeichen für die Reibungsgeräusche, Zitterlaute und Resonanten nach denselben Grundsätzen, wie die für die Verschlufslaute, wir müssten also auch annehmen, dass z. B. das Zeichen *s* nicht die Stellung für das *s* und den bei derselben tönenden Laut, sondern das Zustandekommen und Vergehen dieser Stellung, und das Zeichen *r* nicht Zittern der Zunge, sondern Anfangen des Zitterns und Aufhören des Zitterns bedeutet. Wir würden dies für alle Consonanten durchführen müssen und so zu der Auffassung kommen, dass die Consonantbuchstaben sämmtlich Bewegungszeichen und nur die einfachen Vocalbuchstaben Ruhezeichen seien — eine Ansicht, die schnurstracks der der Araber entgegenlaufen würde, welche die letzteren als Bewegungszeichen, die ersteren als Ruhezeichen betrachten. Die Sache ist auch bereits von anderen Gelehrten dahin erklärt worden, dass wir durch die Verdoppelung der Consonantenzeichen etwas anzeigen wollen, was wir sonst durch Hilfszeichen ausdrücken müssten, nämlich dass der vorhergehende Vocal trotz des Accents, den die Sylbe trägt, kurz ist. Hierin vereinigen sich Orthographen von den verschiedensten Richtungen: Weinhold, der die historische Rechtschreibung vertheidigt, R. v. Raumer, der sich an das Bestehende anlehnt, und Ellis, der das Bestehende zu Gunsten einer rein phonetischen Schreibweise zerstört wissen will. Letzterer verdoppelt niemals ein Consonantenzeichen, da er besondere Zeichen für die langen und kurzen Vocale eingeführt hat. Zugleich zeigt die Verdoppelung eines Consonanten im Inlaute meistens noch an, dass die Sylbengrenze in dem Consonanten selbst und nicht vor ihm liege. Wenn ich *Rip-pe* schreibe, so zweifelt Niemand daran, dass die erste Sylbe mit der Bildung des Verschlufses schliefst und die zweite mit der Durchbrechung desselben anfängt, folglich trennt der Verschlufs, die Pause, während welcher kein Laut tönt, die beiden Sylben. Der Verschlufs kann aber auch unvollkommen sein, so dass während desselben etwas Luft ausströmt. Wenn ich z. B. *Schif-fe* spreche, so ist keine lautlose Pause vorhanden, es werden auch nicht zwei *f* gesprochen, sondern eines, welches die erste Sylbe schliefst und die zweite anfängt und somit als Verbindungsglied zwischen beiden dient. Dasselbe findet statt, wenn der Verschlufs im Mundcanal vollkommen ist, die Luft aber zur Nase heraus kann, wie in *schwim-men* u. s. w. Wenn aber ein Consonant im Inlaute zwischen zwei Vocalen einfach geschrieben wird, so ist dies nicht der Fall; dann beginnt der Consonant nur die zweite Sylbe, ohne die erste zu schliefsen. Es geschieht dies nach accentlosen Sylben und auch nach accentuirten Sylben, wenn der Vocal derselben lang ist. Wenn wir hier das *s*, wie in *grüssen*, dennoch doppelt geschrieben finden, so beruht dies auf einer Unvollkommenheit unserer Druckschrift, welche uns auf das Doppel-*S* anweist, wenn wir ausdrücken wollen, dass das *s* zwischen zwei Vocalen das scharfe, tonlose *s*, nicht das sogenannte weiche *s* sei.

Ich muss hier den Leser mit einigen Thatsachen bekannt machen, die ich zum Theil bereits in meinen „physiologischen Grundlagen der neuhochdeutschen Verskunst“,

Wien, bei Carl Gerold's Sohn, 1871, auf Seite 25 ff. besprochen habe.

Um den akustischen Eindruck hervorzubringen, dass der Consonant die vorhergehende Sylbe schlieſse, ist es nöthig, dass er einen kräftig hervorgetriebenen Luftstrom plötzlich absperre oder einenge, so dass eben sein Geräusch für unser Ohr den noch kräftigen Vocalton abschneidet. Nun ist die Stärke des Vocaltons abhängig von der Kraft, mit der die Luft durch die Stimmritze hindurchgetrieben wird, das heiſst von der Gröſse des Ausathmungsdruckes. Dieser stärkere Ausathmungsdruck ist nun bei kurzen, accentuirten Sylben im Deutschen ausnahmslos vorhanden und dauert fort, bis der Consonant begonnen hat. Wird nun der Effect dieses verstärkten Impulses durch einen Verschluſs im Mundcanal unterbrochen, so schlieſst jedenfalls das Geräusch bei Herstellung desselben die Sylbe. Ob der Verschluſslaut dabei als eine Media, wie in *Widder*, oder als eine Tenuis zum Vorscheine kommt, wie in *Gewitter*, hängt lediglich davon ab, ob die Stimmritze noch zum Tönen verengt ist, oder ob sie sich unmittelbar vor der Herstellung des Verschluſses geöffnet hat. Statt des Verschluſses kann eine Enge gebildet werden, so dass ein Reibungsgeräusch erscheint, wie in *Schif-fe*; es kann der Luft der Weg durch die Nase offen bleiben, so dass ein Resonant articulirt wird, wie in *nim-mer* u. s. w. Stets schiebt sich der Consonant als Mittelglied zwischen die erste und zweite Sylbe. Soll dies nicht der Fall sein, und soll der Consonant nur die zweite Sylbe anfangen, nicht die erste schlieſsen, so muss der Effect des mehrerwähnten Impulses zur Zeit der Bildung des Consonanten bereits aufgehört haben oder seine Fortpflanzung bis in die Mundhöhle auf irgend eine Weise verhindert werden. Das erstere tritt ein bei unserer Aussprache des Altgriechischen, z. B. in *ὅμαδος* oder *ἔθισμα*, wo wir, um zugleich dem Accente und der Quantität gerecht zu werden, *ο* und *ε* durch einen ganz kurzen plötzlichen Stoſs hervorbringen, dessen Wirkung eben so rasch verschwindet; das letztere geschieht in der arabischen Sprache durch plötzliches Verschliefsen der Stimmritze und wird durch das Zeichen *Hamze* angedeutet. In beiden Fällen verliert, wenn eine Tenuis oder Media folgt, dieselbe das Geräusch bei Herstellung des Verschlufses, da dasselbe nur auf dem plötzlichen Abschneiden eines kräftigen Luftstromes beruht; es bleibt ihr also wie im Anlaut nur das Explosivgeräusch übrig. Im Deutschen kommen, wie gesagt, beide Fälle nicht vor, da hier alle Vocale in accentuirten Sylben, die durch keinen Consonanten geschlossen werden, lang sind. Es scheint, dass bei den langen accentuirten Vocalen im Deutschen der Ausathmungsdruck im Allgemeinen an sich schon weniger stark ist, als bei den kurzen accentuirten und gewiss ist es, dass hier, wenn ein zwischen zwei Vocalen stehender Consonant folgt, der stärkere Druck nicht bis in den Consonanten hinein fortdauert, sondern im Verlaufe oder am Ende des Vocals erlahmt. Ich habe diesen Gegenstand, wie erwähnt, bereits in meinen „physiologischen Grundlagen der neuhochdeutschen Verskunst" in seiner Beziehung zur Metrik besprochen, hier will ich nur sagen, wie man sich am besten über das belehrt, was in dieser Hinsicht in der ungebundenen Rede statthat. Es geschieht dies am besten durch das sogenannte Auscultiren des eigenen Kehlkopfes. Man nehme einen kleinen dünnwandigen Glastrichter von der Art, wie sie in chemischen Laboratorien zum Einfüllen von Flüssigkeiten in die Büretten gebraucht werden. An den Schnabel dieses Trichters stecke man ein Kautschukrohr von der Länge eines halben Meters oder etwas kürzer. Das andere Ende des Kautschukrohrs schiebe man sich in's Ohr und setze nun neben und etwas über dem Adamsapfel den Trichter mit seiner Mündung auf und spreche einige Worte. Hört man den Ton der Stimme nicht trompetenartig in's Ohr klingen, so verändert man die Stellung des Trichters so lange bis dies geschieht. Nun hat man ein Mittel, das Vorhandensein oder Nichtvorhandensein und die relative, durch den jeweiligen Ausathmungsdruck bestimmte Stärke des Stimmtons zu beurtheilen. Man spreche nun z. B. *ahnungslos*, so wird man bemerken, dass der Ton dem Accent gemäfs im *a* am stärksten ist, dass er aber vor dem *n* auffällig an Stärke verliert, ja in der Aussprache mancher verschwindet, um sich dann im *n* wieder zu heben. Aehnlich ist der Vorgang, wenn man *weniger* oder *redekunst* spricht, obgleich in allen diesen Beispielen die Vocale der ersten und zweiten Sylbe nicht durch einen tonlosen, sondern durch einen tönenden Consonanten getrennt sind. In allen solchen Fällen also beginnt der Consonant zur Zeit eines relativen Minimums des Ausathmungsdruckes: es kann also auch sein Beginn nicht mit einem Geräusche verbunden sein, das für das Ohr den Eindruck einer Hemmung, eines Abschneidens und somit Endigens der Sylbe hervorruft, im Gegentheil, die Sylbe tönt von selber aus und der Consonant erscheint nur als Anfang der nächstfolgenden.

Ganz anders aber verhält es sich nach kurzen accentuirten Sylben. Hier ist der verstärkte Ausathmungsdruck auf seiner Höhe, wenn der Consonant gebildet wird.

Rud. von Raumer bemerkt richtig, dass die Consonanten da, wo sie nach kurzen accentuirten Vocalen im Inlaut doppelt geschrieben werden, eine andere Quantität haben als nach langen. In der That ist das *m* in *Sommer* so lang wie das *m* in *Rum* mit dem *m* in *Meer* zusammengenommen, und er wendet dasselbe consequent auf die Verschlufslaute an, bei welchen also die Dehnung auf den Verschlufs fällt.

Wenn ich gesagt habe, dass bei den Verschlufslauten das Zeichen für den Verschlufs stehe, so liegt also bei *p*, *t*, *k*, der Laut aufserhalb des Zeichens, er klebt ihm gleichsam nur äufserlich an; nicht so kann dies von *b*, *d* und *g* gesagt werden, weil hier während des Verschlufses durch die zum Tönen verengte Stimmritze etwas Luft aus der Lunge in die Mundhöhle gepresst werden kann, welche dann natürlich einen dumpfen, aber deutlich vernehmbaren Ton, den von Purkiňe sogenannten Blählaut, giebt, der die Pause ganz oder theilweise ausfüllt. Dieser ist besonders deutlich in dem emphatischen *d* der Araber, dem *Dā°d* (ض); aufserdem wird er fast immer gehört, wo im Inlaute die Media doppelt geschrieben wird, wovon man sich durch die Auscultation des eigenen Kehlkopfes überzeugen kann, ferner im Englischen auch im Auslaute, wo er dazu dient, den Unterschied der Media von der Tenuis auffälliger für das Ohr zu machen; so sind z. B. *hat* (Hut) und *head* (Haupt) nicht nur durch den Vocal, sondern auch durch den auslautenden Consonanten von einander unterschieden, und *bad* (schlecht) und *bat* (Fledermaus) werden nie mit einander verwechselt werden.

Wir sind hier auf einen wichtigen Punct geführt worden, nämlich auf die Unterscheidung der Mediae als tönender Laute von den Tenues als tonlosen. In allen von Sprachforschern, die sich mit der vergleichenden Lautlehre beschäftigen, entworfenen Systemen sind die Mediae den tönenden Reihen einverleibt, weil sie sich sprachlich zu den tönenden Reibungsgeräuschen gerade so verhalten, wie die Tenues zu den tonlosen; doch stehen manche an, sie geradezu den tönenden Lauten beizuzählen, weil sie nicht dauernd mit dem Ton der Stimme hervorgebracht werden können. Hiergegen ist folgendes zu bemerken: Die Stimme tönt, wie wir soeben gesehen haben, nicht selten wirklich während des Verschlufses, und wenn dies nicht der Fall ist, so ist doch immer die Stimmritze während des Verschlufses zum Tönen, beziehungsweise zum Flüstern, verengt, was bei den tonlosen Consonanten nie der Fall ist; wenn also der Ton nichts desto weniger pausirt, so liegt es nur daran, dass der Unterschied zwischen dem Luftdrucke in Brust- und Mundhöhle nicht grofs genug ist, um eine Strömung zu veranlassen, durch welche die Stimmbänder in Schwingungen versetzt werden. Sie sind bei den Mediae während der ganzen Dauer des Verschlufses stets bereit, den Impuls zu empfangen, und die Stimme klingt deshalb, wenn sie ausgesetzt hatte, s o f o r t wieder an, wenn der Verschlufs durchbrochen wird. Dies ist der wesentliche Unterschied der Media von der Tenuis, und es knüpft sich daran eine interessante Art, die Mediae bei Mangel eines besonderen Zeichens zu umschreiben, auf die mich Prof. von M i k l osich aufmerksam machte. Die Neugriechen drücken nämlich, da β und δ bei ihnen das Zeichen für w^2 und z^4 sind, das *b* durch μπ und das *d* durch ντ aus. Beim μ muss die Stimmritze zum Tönen verengt, der Mund geschlossen, der Nasencanal offen sein, beim π Mund- und Nasencanal geschlossen, aber die Stimmritze offen. Man soll also, nachdem man die Lippen geschlossen und die Stimme hat anklingen lassen, sofort durch weites Öffnen der Stimmritze den Ton wieder schwinden lassen, dann den Nasencanal von der Mundhöhle abschliefsen und endlich das π durch Öffnen der Lippen explodiren lassen. Je rascher man diese Acte hinter einander auszuführen sucht, um so schwieriger wird es, sie auseinander zu halten. Zunächst verschliefst man den Nasencanal noch, ehe man die Stimmritze erweitert hat, und dann geht das μ in den Verschlufs für *b* über; es erscheint statt des Lautes *m* der von Purkiňe sogenannte Blählaut, der dem *b* angehört, und sobald sich nun bei der noch verengten Stimmritze die Lippen öffnen, explodirt dasselbe. Das μ ist also hier das Zeichen der zum Tönen verengten Stimmritze; es soll ein π mit zum Tönen verengter Stimmritze, das heifst ein *b*, gebildet werden. Ganz so verhält es sich mit dem ντ, nur dass hier der Verschlufs des Mundcanals nicht von den Lippen, sondern mittelst der Vorderzunge gebildet wird. Wahrscheinlich rührt diese Transscription daher, dass man den Laut der Resonanten mit dem der ihnen ähnlichen Purkiňe'schen Blählaute verwechselte.

Die zum Tönen, beziehungsweise zum Flüstern, verengte Stimmritze bildet also den wesentlichen Unterschied der Mediae von den Tenues, alle übrigen sind äufserliche, abgeleitete. Man hat gesagt, Tenues und Mediae unterscheiden sich durch die Stärke der Explosion, man könne dies wahrnehmen, wenn man die Hand dem Munde gegenüberhalte und dann abwechselnd eine Tenuis und die dazu gehörige Media ausspreche. Dann werde die Hand bei der Tenuis von einem sehr kräftigen, bei der Media von einem kaum merklichen explosiven Hauche getroffen; lege man dagegen die Hand auf die Brust, so fühle man dieselbe beim Explodiren der Tenuis deutlich einsinken, bei der Media aber nicht. Dies ist alles richtig, aber die Erscheinungen sind secundärer Natur. Bei der Media ist die Stimmritze zum Tönen verengt und somit das plötzliche Ausströmen der Luft aus den Lungen auch nach Eröffnung des Mundcanals noch gehindert, bei der Tenuis ist die Stimmritze weit offen, oder wird plötzlich weit geöffnet, daher das plötzliche und gewaltsame Hervorbrechen der Luft bei Öffnung des Mundcanals und das correspondirende Zusammensinken des Brustkastens. Wenn Tenuis und Media sich nur durch die Explosion von einander unterschieden, so müsste der ganze Unterschied schwinden, sobald der entsprechende Resonant folgt, weil dann die Explosion ganz verloren geht, und doch weifs Jedermann, dass sich das *p* im englischen Worte *midship-man* von dem *b* im englischen Worte *club-man* sehr deutlich unterscheidet. Zu dieser Theorie von der Stärke und der Schwäche der Explosion muss ich schliefslich noch bemerken, dass es überhaupt keinen Consonanten giebt, bei dem die Stärke des Ausathmungsdruckes unterscheidendes Merkmal wäre, weil die Unterschiede im Ausathmungsdruck andere Unterschiede bedingen, welche neben denen der Consonanten hergehen, die Unterschiede des Accents.

Man hat endlich gesagt, der wesentliche Unterschied bestehe nur darin, dass bei der Tenuis ein festerer Verschlufs gebildet werde, als bei der Media. Wahr ist es, dass dies in der Regel geschicht, aber auch diese Erscheinung ist eine secundäre.

Bei der Tenuis ist die Stärke des Verschlufses dem Impulse entsprechend, durch den er, wenn die Tenuis aus offener Stimmritze gebildet wird, durchdrückt, wenn sie aus geschlossener gebildet, durchstofsen wird, wenn auch der Verschlufs durch willkürliche Action nachgiebt, sobald er von dem Impulse getroffen wird; bei der Media ist der Verschlufs schwächer, entsprechend dem, dass der hervorbrechende Luftstrom schwächer ist, nicht wegen schwächeren

Ausathmungsdruckes, sondern, wie ich soeben erörtert habe, wegen des Zustandes der Stimmritze bei der Media, indem sie bei dieser entweder zum Tönen oder zum Flüstern verengt ist.

Man mag aber den Verschlufs noch so fest machen, wenn man ihn bei tönender Stimmritze eröffnet, so erscheint immer nur die Media, nie die Tenuis; man mag ihn noch so leicht machen, wenn man ihn bei weit offener Stimmritze durchbricht, erscheint immer die Tenuis, nie die Media.

Wenn man die Literatur verfolgt, so findet man, dass es wesentlich deutsche Schriftsteller sind, welche Zweifel über die tönende Beschaffenheit der Medien erhoben haben. Es ist dies darin begründet, dass die Medien in einem sehr grofsen Theile von Deutschland in der That nicht tönend ausgesprochen werden. Ich sehe hier ganz ab von den auslautenden Medien, die in der Aussprache der Deutschen in die entsprechenden Tenues, nicht selten auch in die entsprechenden tonlosen Reibungsgeräusche, nämlich *g* in *ch*, übergehen. Auch im An- und Inlaute werden die Medien in sehr grofser Ausdehnung ohne den Ton der Stimme hervorgebracht. Es liegt dies zum Theil daran, dass man in einzelnen Gauen Medien und auch Tenues bei geschlossener Stimmritze explodiren lässt. Wenn man den Athem anhält, wird man finden, dass dies leicht mittelst der in der Mundhöhle vorräthigen Luft gelingt. Hier wird dann die Stimmritze erst unmittelbar nachdem die Media explodirt ist, geöffnet. Es ist leicht einzusehen, dass bei dieser Aussprache, die sich übrigens, so weit meine Beobachtung reicht, mehr und mehr verliert, die Media den Ton der Stimme nicht haben kann. Zugleich wird der Unterschied zwischen Media und Tenuis verwischt.

Viel häufiger und in viel weiterer Ausdehnung beruht die Tonlosigkeit der Medien darauf, dass sie auch in lauter Sprache geflüstert werden. Es ist dies mehr oder weniger im ganzen Süden von Deutschland der Fall. Die Stimmritze ist zwar bei der Media verengt, aber die Stimmbänder sprechen nicht prompt an, so dass der Ton der Stimme nur dem nachfolgenden Vocale inhärirt, nicht auch der Media. In Österreich erstreckt sich diese Aussprache nicht nur auf die Medien sondern auch auf die tönenden Reibungsgeräusche; in *wein, sohn, jammer* werden *w, s* und *j* vom Volke nicht tönend gesprochen, sondern deutlich geflüstert, das heifst, statt des Tones der Stimme inhärirt ihnen ein leichtes Kehlkopfgeräusch, das im Lautwerth der Flüsterstimme gleicht und wie diese dadurch entsteht, dass die Luft zur verengten aber noch nicht tönenden Stimmritze heraustritt.

Wenn in Norddeutschland im Französischen unterrichtet wird, so wird dem Schüler gesagt, das *z* in *zone* sei wie das *s* in deutsch *sohn* und das *z* in *zèle* sei wie das *s* in deutsch *seele*; in Süddeutschland aber wird ihm gesagt, französisch *z* sei weicher, und beides ist vollkommen berechtigt.

Bei manchen Süddeutschen erstreckt sich die flüsternde Aussprache selbst auf *l, r, m* und *n*, so dass hier auch der Stimmton erst mit beginnendem Vocal einsetzt.

Bei dem sehr grofsen Verbreitungsgebiete, welche die süddeutsche Aussprache hat, kann wohl die Frage aufgeworfen werden, ob sie nicht ebenso berechtigt oder berechtigter sei, als die tönende. Berechtigt ist sie unzweifelhaft durch den Gebrauch, wenn man aber nach den Vorzügen der einen und der andern fragt, so, glaube ich, muss man sich auf die Seite der tönenden Aussprache stellen.

Es ist sicher der erste Vorzug einer Aussprache, dass in ihr die Laute so vollständig und sicher als möglich unterschieden werden. Das ist aber bei der tönenden Aussprache in höherem Grade der Fall. In Süddeutschland existiren eine Menge von Späfsen und Wortwitzen, die auf der Verwechslung von sogenannten harten und weichen Lauten beruhen; in Norddeutschland, und überall wo die tönende Aussprache herrscht, existiren sie nicht, weil sie unverständlich sein würden. Ja noch mehr. In Süddeutschland werden Namenregister unter *B* und *P* in einer Columne und unter *D* und *T* in einer Columne geführt, weil diese Laute in der Aussprache so mangelhaft unterschieden werden, dass häufige Verwechslungen vorkommen. Wo die tönende

Aussprache herrscht, hat man eine solche Anordnung nicht nöthig gefunden.

Durch die tonlose Aussprache der Medien und der sogenannten weichen Reibungsgeräusche beraubt man ferner die Sprache einer Reihe von Lauten, die helfen, sie volltönig und klangvoll zu machen und mehr geeignet für die feierliche Rede auf der Kanzel und auf der Bühne. Die geflüsterten Consonanten haben keine Tragweite und bei dem Versuche, ihnen solche zu geben, sie zu verstärken, verfällt der Redner leicht in die entsprechenden harten Laute. Auf dem Wiener Burgtheater herrschte früher unbedingt die tönende Aussprache, obgleich sie nicht im Munde des Volkes war: erst in neuerer Zeit ist sie theilweise in Verfall gekommen.

Es ist hier der Ort, noch einer Art von Reibungsgeräuschen zu erwähnen, welche zwischen den sogenannten harten und den geflüsterten weichen stehen. Es sind dies die Reibungsgeräusche, welche entstehen, wenn die Stimmritze nicht zum Tönen und nicht zum Flüstern verengt, aber auch nicht weit offen ist, sondern so gestellt, dass bei offenem Mundcanale ein *h* hervorgebracht werden würde. Diese Laute sind den sogenannten ganz harten Reibungsgeräuschen, wie *f*, scharfes *s* und *ch* ähnlich, und ich kenne auch nur einen Fall, in dem die Schrift unterscheidet. Es ist dies der Fall des holländischen *v*, z. B. in *van*. Dasselbe ist labiodental, aber kein geflüstertes w^2, sondern es gleicht einem f^2, aber der Holländer unterscheidet es von ihm als schwächer, weniger scharf. Man könnte auf den ersten Anblick der Meinung sein, dass sich holl. *v* und *f* dadurch unterscheiden, dass ersteres mit schwächerem Ausathmungsdruck hervorgebracht werde, aber ich habe schon früher bemerkt, dass man auf den Ausathmungsdruck als Unterscheidungsmittel für Consonanten ganz verzichten muss, da er Unterschieden dienstbar ist, welche neben denen der Consonanten hergehen, den Unterschieden des Accents. Es bleibt also kein anderes Hilfsmittel als das, den Luftstrom durch mäfsige Verengerung der Stimmritze abzuschwächen.

Hierdurch gelingt es mir auch in der That, den Unterschied zwischen holl. *v* und holl. *f* auszudrücken, und nach dem, was ich aus dem Munde von Holländern gehört habe, zweifle ich nicht, dass sie sich desselben Mittels bedienen.

An die Reibungsgeräusche schliefsen sich die *L*-Laute. Man kann sie als Reibungsgeräusche mit Ausflufs der Luft an den Seiten der Zunge bezeichnen. Es lässt sich dies dadurch rechtfertigen, dass sich das *l* tonlos hervorbringen lässt und dann das Reibungsgeräusch deutlich gehört wird; aber es ist beim tönenden *l* schwächer als bei den übrigen tönenden Reibungsgeräuschen, und dieses tönende *l* verdankt seine Eigenthümlichkeit eben so sehr der veränderten Resonanz der Stimme als dem mitlautenden Reibungsgeräusche. Namentlich gilt dies vom polnischen *ł*, bei dem, wie wir gesehen haben, die Seitenöffnungen weiter sind. Man kann deshalb nichts dagegen einwenden, wenn das *l* mit *r* und den Resonanten in die Gruppe der Liquidae gestellt wird; nur muss man immer vor Augen behalten, dass diese Gruppe sehr heterogene Elemente in sich vereinigt, die im Grunde physiologisch nichts mit einander gemein haben, als dass sie einfache Consonanten, aber doch weder Tenues noch Mediae noch Aspiratae sind.

Von einigen werden die Resonanten mit zu den Explosiven gerechnet und von den Tenues und Mediae als *Explosivae nasales* unterschieden. Dies ist aber durchaus zu verwerfen. Erstens ist schon für die Tenues und Mediae der Name *Explosivae* ungeschickt, weil die Explosion für sie nicht wesentlich ist und unter Umständen ganz fehlt. Zweitens aber haben die Resonanten mit den Explosiven zwar den Verschlufs im Mundcanal gemein, aber es findet bei ihnen keine Explosion statt, da wegen des offenen Nasencanals die Luft nicht comprimirt werden kann. Öffnet sich der Verschlufs im Mundcanale zur Hervorbringung eines Vocales, so ist dies ein einfacher Wechsel der Luftleitung, indem nun der Nasencanal gesperrt wird; hat der Vocal den Nasenton, so bleibt auch der Nasencanal offen, so dass sich der Luftstrom zwischen Mund und Nase theilt.

Czermak nennt die Resonanten, weil bei ihnen die tönende Luft zur Nase herausströmt, *Rhinophone*, Rumpelt *Nasales*, wie dies auch Chladni that.

Was mein System im Ganzen anlangt, so wird man sehen, dass die gegenseitige Abhängigkeit der symmetrisch gestellten Glieder eine durchaus unwandelbare ist; dass alle tonlosen Consonanten entsprechende tönende haben, die sich von ihnen durch nichts unterscheiden als durch den Zustand der Stimmritze; dass der Verschlufslaut aus dem dazu gehörigen Reibungsgeräusche immer abgeleitet werden kann durch nichts anderes als durch völliges Verschliefsen der gebildeten Enge; dass der Resonant von der Media nie durch etwas anderes als den offenen Nasencanal verschieden ist, und der *l*-Laut aus dem entsprechenden *d*-Laute nie durch etwas anderes abgeleitet wird als durch Bildung seitlicher Öffnungen zwischen Zunge und Backenzähnen. Es kommt in dieser Beziehung auch nicht die kleinste Unregelmäfsigkeit vor. Hierdurch und dadurch, dass ich Schritt für Schritt alle Articulationsstellen, zu welchen die Zunge gelangen kann, durchwandert habe, ist es allein möglich geworden, alle einfachen Consonanten zu erschöpfen. Wäre ich diesen Weg nicht gegangen, sondern hätte mich damit begnügt, die mir aus der Erfahrung bekannten Laute zu ordnen, so würde ich in meinem Systeme nicht die Cerebralreihe des Sanskritalphabets verzeichnet gefunden haben, denn im Jahre 1848, als ich es ausarbeitete, hatte ich vom Lautsystem des Sanskrit noch nicht die allergeringste Kenntnis. Auch die Laute des Arabischen, soweit sie in der Mundhöhle gebildet werden, fanden leicht ihren Platz.

Die Geräusche, welche im Kehlkopfe und nicht in der Mundhöhle entstehen, habe ich aus Gründen, auf die ich später noch näher eingehen werde, nicht in das System aufgenommen, sondern für sich abgehandelt.

Auf die Schnalzlaute der Negersprachen habe ich keine Rücksicht nehmen können, da ich sie nur aus sparsamen mündlichen Mittheilungen von Reisenden kenne, die mich nicht zu einer systematischen Bearbeitung derselben befähigen.

Da in meinem System, wie in allen früheren, die Articulationsstelle als wesentlicher Eintheilungsgrund auftritt, so muss ich auch Laute, die, wie z. B. das deutsche *sch*, zwei Articulationsstellen haben, gesondert abhandeln. Da ferner die Art der Entstehung der zweite wesentliche Eintheilungsgrund ist, so müssen auch diejenigen Consonanten, welche gleichzeitig Reibungsgeräusch und Zitterlaut sind, für sich betrachtet werden. Die Elemente, durch deren Verschmelzung diese gemischten Laute entstehen, sind aber alle in dem System vorhanden, wie sich dies in dem folgenden Abschnitte, in dem ich von ihnen zu handeln habe, zeigen wird.

VI. Abschnitt.

Die zusammengesetzten Consonanten, das heifst die Consonanten, welche eine zwiefältige Articulationsstelle oder gleichzeitig zweierlei Geräusche haben.

Zusammengesetzt nenne ich die Laute, welche gebildet werden, indem die Mundtheile gleichzeitig für zwei verschiedene Consonanten eingerichtet sind. Ich will sie in der Weise bezeichnen, dass ich die einzelnen Consonanten hinter einander schreibe und sie durch Klammern verbinde.[20]

Solche Laute sind zunächst das *sch* der Deutschen und das *j* der Franzosen. Das deutsche *sch* ist nach der obenangeführten Bezeichnung zu schreiben [sχ] und zwar nach seiner gewöhnlichen Bildung [$s^1\chi^2$]. Ich weifs, dass alle neueren Schriftsteller, welche von der Physiologie der Sprache handeln, das *sch* für einen einfachen Laut halten,

[20]) In meiner ersten Abhandlung in den Sitzungsberichten d. k. Ak. d. W. habe ich die einzelnen Zeichen der zusammengesetzten Consonanten durch einen darüber liegenden Bogen verjocht; aus typographischen Rücksichten habe ich statt dessen später Klammern angewendet.

aber ihre Angaben über dasselbe finde ich nirgends vollständig und genau. Nur Heusinger hält sichtlich das *sch* für einen zusammengesetzten Laut, denn er sagt[21]: „In manchen Gegenden Deutschlands wird das *sch* in seine beiden Laute *s-ch* zerfällt.“

Der Streit, ob *sch* einfach oder zusammengesetzt sei, ist ein blofser Wortstreit; man muss sich darüber einigen, was man unter einfach und zusammengesetzt versteht. Nach der gewöhnlichen Nomenclatur, welche *x* und *z* zusammengesetzte Consonanten nennt, ist *sch* allerdings einfach; aber *x* und *z* sind keine zusammengesetzten Consonanten, sondern zwei aufeinanderfolgende Consonanten, die der Bequemlichkeit halber mit einem Zeichen geschrieben werden, und ich hielt es nicht für räthlich, mich an eine Nomenclatur zu binden, die sich an einen Brauch knüpft, der Nutzen für Copisten und Setzer, aber keinen für die Lautlehre hat. Ich nenne solche Buchstaben Gruppenzeichen. Zieht man es jedoch vor, den Namen *Compositae* für diese Lautzeichen beizubehalten, so mag man meine Zusammengesetzten *Gemischte* oder *Concretae*, oder wie man sonst will nennen; als *Consonantes simplices* aber darf man sie nicht bezeichnen, weil sie von diesen wesentlich verschieden sind. Für die Ansicht, dass *sch* ein einfacher Laut sei, kann zwar geltend gemacht werden, dass man in ihm weder ein reines *s* noch ein reines *χ* hört, und dass, wenn einer ein *s* und ein anderer ein *χ* spricht, daraus noch kein *sch* wird. Dies ist aber auch in Rücksicht auf die Definition, welche ich von zusammengesetzten Consonanten gegeben habe, nicht nöthig, sondern diese verlangt nur, dass bei ihrer Bildung die Anordnung der Mundtheile gleichzeitig verschiedenen Consonanten entsprechen soll, und dies ist beim *sch* allerdings der Fall. Man bringe nur zuerst ein *ch* hervor und beuge dann, ohne irgend etwas anderes zu verändern, den vorderen Theil der Zunge so weit nach aufwärts, dass er

---

[21]) Magendie's Physiologie, übersetzt von Heusinger. Eisenach, 1834. Bd. I, S. 288.

sich zum s^1 stellt, so wird in demselben Augenblicke das *ch* in *sch* verwandelt werden. Um sich noch sicherer von der Stellung der Mundtheile zu überzeugen, lege man sich eine Bleikugel auf die Zunge und bringe *sch* continuirlich hervor. So lange man den Kopf gerade hält, wird die Kugel, wenn sie nicht zu grofs ist, frei auf der Zunge liegen; wenn man den Kopf stark vorn überneigt, so rollt sie gegen ein Hinderniss, die Enge für *s*, und wenn man den Kopf stark hinten überbeugt, so rollt sie ebenfalls gegen ein Hinderniss, die Enge für das *ch*. Ich muss jedoch bemerken, dass die Vorderzunge die Stellung für das *s* nicht immer strenge einhält. Sie stemmt sich häufig mit der Spitze gegen den Gaumen, so dass die Luft nicht über die Mitte, sondern aus zwei seitlichen Öffnungen neben der Zungenspitze ausfliefst und so gegen die Zähne anfällt. Diese Bildung kommt um so häufiger vor, je weiter das *sch* nach hinten liegt, und wohl ausfchliefslich oder fast ausfchliefslich in dem weit nach hinten liegenden *sch* des jüdischen Dialects, welches, wenn man von eben dieser Abweichung absieht, [$s^2\chi^3$] zu schreiben ist.

Am meisten nach vorne von den Lauten, die [$s^1\chi^2$] zu schreiben sind, liegt das *sch* im *c* der Italiener vor *e* und *i*, wo es t^4[$s\chi$] lautet, z. B. in *ciceri*, während das *ch* am Anfang und Ende des englischen *church* weiter nach hinten, aber auch noch im Bereiche von χ^2, als t^1[$s^1\chi^2$] gebildet wird.

Das *c* in *ciceri* hat bekanntlich in der sicilianischen Vesper als Schiboleth gedient und gilt deshalb vielen Nichtitalienern für einen sehr schwer hervorzubringenden Laut, ja für einen Laut, den der Nichtitaliener überhaupt nicht correct hervorbringen könne. Ich glaube indessen, dass die Franzosen damals weder an der Unfähigkeit ihrer Organe scheiterten, noch an der reellen Schwierigkeit des Lautes, sondern dass sie unter den Dolchen der Sicilianer verbluteten, weil sie nicht hinreichend an phonetische Studien gewöhnt waren, um das wesentliche der Aussprache aufzufassen; denn jener Laut gehört in der That nicht zu denen.

welche wie das *r* noch Schwierigkeiten in der Ausführung darbieten, wenn auch ihre Mechanik bereits richtig erkannt ist. Für die Mehrzahl der Deutschen, welche das Englische erlernt haben, könnte man das *th* dieser Sprache als Schiboleth gebrauchen, aber nur deswegen, weil sie ungeschickte Lehrer gehabt haben, nicht weil sie an und für sich unfähig wären, das *th* hervorzubringen, denn jeder, der im Besitze seiner oberen Schneidezähne ist, kann es bei gehöriger Unterweisung in wenigen Minuten erlernen.

Die χ-Stellung in dem $t^4[s\chi]$ in *ciceri* ist schon hart an der Grenze der Stellung für χ^1. Ich glaube, dass es auch einen Laut giebt, der $[s\chi^1]$ zu schreiben ist, nämlich das *ś* der Polen. Nach dem Platze, welchen die vergleichende Lautlehre diesem Consonanten anweist, ist er ein mouillirtes *s*, d. h. nach dem Sinne des Ausdruckes, dem ich in dieser Abhandlung folge, ein *s* mit unmittelbar darauf folgendem χ^1. Herr Professor v. Piotrowski sagt mir aber, dass im gewöhnlichen Verkehr der Laut so gesprochen werde, dass er in seiner Totalität ausgehalten, d. h. continuirlich hervorgebracht werden könne, was, wie wir im nächsten Capitel sehen werden, bei einem in unserem Sinne mouillirten nicht möglich ist. Nach einigen misslungenen Versuchen kam ich dahin, den Laut hervorzubringen. Ich finde, dass ich dabei die Enge für das vorderste χ bilde und zugleich den vorderen Theil der Zunge den Wurzeln der Schneidezähne so weit nähere, dass dadurch wie beim *s* ein Anfall des Luftstromes gegen die Zähne verursacht wird, der den Laut in einen Zischlaut verwandelt. Es treten hier also zwei Bedingungen der Consonantenerzeugung gleichzeitig ein, die bei dem ursprünglichen mouillirten *s* nur sehr rasch auf einander folgten.

Wenn man zum *sch* die Stimme mittönen lässt, so entsteht das *j* der Franzosen in *jamais*: dies ist also zu schreiben $[z^1y^2]$ und das englische *j* in *joy* ist zu schreiben $d^1[z^1y^2]$, während das $d^4[z^1y^2]$, welches dem italienischen *g* in *gibbo* entspricht sich dadurch unterscheidet, dass es etwas weiter nach vorn liegt.

Die Vorstellung, dass deutsch *sch* und französisch *j* einfache Consonanten seien, hat alle modernen Systeme in Verwirrung gebracht. Der Grund davon ist leicht einzusehen. Es giebt kein Consonantensystem, in welchem nicht die Articulationsstelle als Eintheilungsgrund auftritt. Nun haben aber deutsch *sch* und französisch *j* nicht eine Articulationsstelle, sondern zwei. Die ersten Regeln der Logik verbieten also, sie unter Laute einzureihen, die nur eine Articulationsstelle haben und nach der Lage derselben angeordnet sind.

Die Laute $t[s\chi]$, $[s\chi]$, $d[zy]$ und $[zy]$ sind in vielen indo-europäischen und auch in semitischen Sprachen in Worten entstanden, in denen früher an ihrer Stelle k, χ, g und y gesprochen wurde. Ja oft sind diese Laute nicht einmal zeitlich von einander getrennt, sondern existiren neben einander. So hört man in Venedig neben $k^{1}i\acute{u}w^{2}e$ (*clavis*), $t^{1}[s^{1}\chi^{2}]i\acute{u}w^{2}e$ und $t^{1}[s^{1}\chi^{2}]aw^{2}$, so hört man in Ägypten $g^{1}im$ (*g littera*), für welches Lautes Alter und Ursprünglichkeit das Hebräische und alte Transscriptionen aus dem Persischen[22]) sprechen, während im benachbarten Arabien jetzt $d^{1}[z^{1}y^{2}]im$ gesprochen wird; so hört man in England neben $n^{1}e^{a}t^{1}[s^{1}\chi^{2}]r$ (*natura*) auch $n^{1}e^{a}t^{1}\chi^{1}r$ und $n^{1}e^{a}t^{1}\chi^{1}ur$.

Die Laute an sich sind so sehr verschieden, dass dieser Wandel nicht von einem Misgriff des Ohres, sondern nur von einem Misgriff der Zunge abgeleitet werden kann. In der That ist ein solcher in vielen Fällen leicht erklärlich, wenn man bedenkt, dass die Stelle, an der die Zunge beim *i* und in geringerem Grade auch beim reinen *e* gegen den Gaumen gehoben wird, an der vorderen Grenze des Gebietes von *k* und *g* liegt und somit statt des Verschlufses für diese letzteren leicht der von *t* und *d* gebildet werden kann, und nun, da *k* oder *g* selbst nicht mehr gebildet werden kann, ihr Reibungsgeräusch mit dem dem factisch gebildeten Verschlufse entsprechenden Reibungsgeräusche zu $[s\chi]$ oder $[zy]$ vereinigt nachfolgt. Wenn ich sage, dass die Geräusche sich vereinigen, so ist das nur ein Ausdruck, den ich der

22) *De Sacy, Grammaire arabe. Seconde édition. p. 18.*

Kürze wegen gebrauche, da ich schon durch das, was ich früher gesagt habe, gegen Misverständnisse gesichert bin. Der Laut [*sχ*] entsteht in Wahrheit nicht aus den vereinigten Geräuschen von *s* und *χ*: er ist vielmehr das an sich einfache Geräusch, welches entsteht, wenn die Zunge gleichzeitig Enge für das *s* und Enge für das *χ* bildet. Wenn ich sage, das Geräusch an sich sei einfach, so ist das nicht im Widerspruch damit, dass ich das [*sχ*] meines Systems als zusammengesetzt bezeichne: denn ich classificire nicht Geräusche. Wenn ich Geräusche classificirte, müsste ich zweierlei *p* haben, ein prohibitives, das beim Bilden des Verschlufses lautet, und ein eruptives, das beim Lösen des Verschlufses lautet; ebenso prohibitives und eruptives *t* und prohibitives und eruptives *k*. Ich classificire Stellungen der Sprachwerkzeuge, die theils während ihres Bestehens, theils während ihrer Veränderung zu Lauten Veranlassung geben und so die Sprache zusammensetzen.

Es kommt auch, wenngleich weniger häufig, vor, dass *k* vor *a* in *t*[*sχ*] übergeht, z. B. im englischen *charm* (von *carmen*) oder in [*sχ*] wie im französischen *charme*. Man könnte diesen Wandel für die Ansicht geltend machen, dass [*sχ*] und [*zy*] einfache Consonanten seien, weil sie an die Stelle von einfachen Consonanten treten, aber es giebt keinen inductiven Beweis für ein Gesetz, welches lautete: Einfache Consonanten können nur wiederum in einfache übergehen. Durch ein so formulirtes Gesetz würde man auch zu dem Schlufse gelangen, dass *t*[*sχ*] und *d*[*zy*] einfache Consonanten seien, wovon ja das Gegentheil zu Tage liegt, indem sie aus zwei aufeinander folgenden Lauten bestehen, von denen der erste eine, der letztere aber zwei Articulationsstellen hat. Erst muss der Verschlufs für das *t* gebildet werden, dann wird dieser ein wenig gelöst, wobei *t* explodirt, und es entsteht die Enge für das *s*; gleichzeitig aber wird die Mittelzunge für das *χ* gehoben, so dass nicht *s*, sondern [*sχ*] als dem *t* nachfolgendes Reibungsgeräusch erzeugt wird.

Aufser *s* und *χ*, *z* und *y* giebt es noch andere Reibungsgeräusche, welche sich mit einander combiniren lassen, z. B.

l und *w*, *s* und *f*, *z* und *w*, *s* und *ʒ*, *z* und *ǫ* (unserer Bezeichnung), aber ich weifs nicht, ob diese Combinationen in irgend einer Sprache im Gebrauch sind. Ein tönender und ein tonloser Consonant können begreiflicherweise nie combinirt werden, da die Stimmritze nicht gleichzeitig weit offen und zum Tönen verengt sein kann; ebenso kann ein Resonant mit keinem anderen Consonanten verbunden werden, weil alle übrigen einen verschlossenen Nasencanal erheischen; ebenso ungeeignet zu Combinationen sind die Verschlufslaute wegen des gesperrten Mundcanals. Aber es fragt sich, ob nicht Resonanten unter sich und Verschlufslaute unter sich combinirt werden können. Die Stellungen für zwei verschiedene Resonanten, z. B. *m* und *n*, können allerdings mit einander combinirt werden, aber nicht der Laut, indem nur immer der hintere Verschlufs des Mundcanals, in unserem Beispiele der von *n*, wirksam ist, der vordere hingegen ganz werthlos. Wo also ein Wort mit *mn* anfängt, wie z. B. das griechische *μνῆμα*, muss das *m* immer früher gebildet werden als das *n*; wollte man beide gleichzeitig bilden, so würde das *m* ganz verloren gehen.

Ähnlich, jedoch etwas anders, verhält es sich mit den Verschlufslauten. Hier lässt sich die Stellung combiniren und bis zu einem gewissen Grade auch der Laut. Wenn ich *πτόλεμος* spreche und den Verschlufs für *p* und *t* möglichst gleichzeitig löse, so erhalte ich einen Laut, der dem *t* näher steht als dem *p*, aber doch einen gewissen Beigeschmack von dem letzteren hat. Je mehr ich das *p* deutlich hervortreten lassen will, um so mehr muss ich seine Explosion von der des *t* trennen. Der bereits früher besprochene Laut der Medien, welcher während des Verschlufses tönt (Purkiňe's Blählaut), lässt sich eben so wenig combiniren wie der der Resonanten, indem nur immer der hintere Verschlufs wirksam, dagegen der vordere unwirksam ist. Wenn ich also *βδέλλα* spreche, so muss ich erst den Verschlufs für das *b* bilden und die Stimme anklingen lassen, dann erst die Zunge zur Bildung des *d* erheben. Wollte ich den Verschlufs für beide gleichzeitig herstellen, so würde das *b* ganz verloren gehen.

Im Arabischen giebt es zwei Consonanten, die zwar an ein und derselben Articulationsstelle liegen, aber zugleich Reibungsgeräusch und Zitterlaut sind. Diese sind das خ und das غ. Das خ besteht aus dem χ^3 und dem tonlosen *r uvulare*; ich will es deshalb [$\chi^3 \underset{\circ}{\varrho}$] schreiben. Beim *r uvulare* schlägt das Zäpfchen wie ein Klöpfel gegen den Gaumen; es ist also ganz nach vorn und aufwärts gewendet, und man kann hinter ihm oder vielmehr an seiner Basis mittelst der vorderen Gaumenbögen und der Zungenwurzel eine Enge bilden, durch welche ein Luftstrom hervortritt, der nicht nur das Zäpfchen in Schwingungen versetzt, sondern auch ein Reibungsgeräusch, das des χ^3, hervorbringt. Der so entstehende Laut, das خ der Araber, wird passend verglichen mit dem Geräusche, welches gemeiniglich dem Ausspeien vorhergeht und von dem der bezeichnende französische Ausdruck *cracher* herrührt. Wenn man zum خ die Stimme mittönen lässt, so erhält man das غ der Araber. Dieses ist also zu schreiben [$\gamma^3\varrho$]. Es ist der Anfangsbuchstabe des französisirten Wortes *razzia*. Die Franzosen haben das Reibungsgeräusch darin, für das sie kein Zeichen hatten, nicht berücksichtigt und den Zitterlaut, in dem sie ihr provençalisches *R* erkannten, durch *r* wiedergegeben. Da, wo, wie bei manchen östlichen Arabern, der Zitterlaut in diesem Consonanten so wenig hervortritt, dass er von den Abendländern nicht bemerkt wurde, haben die letzteren das غ, in diesem Falle also γ^3, in der abendländischen Schreibweise der Ortsnamen durch *g* wiedergegeben.

Man mag erwarten, unter diesen Lauten, die aus einem Zitterlaute und einem Reibungsgeräusche zusammengesetzt sind, auch das Ersch (ř) der Czechen eingereiht zu sehen, aber ich habe mich überzeugt, dass bei demselben der Zitterlaut und das Reibungsgeräusch nicht gleichzeitig sind, sondern das erstere dem letzteren vorangeht. Das ř ist in einzelnen Wörtern tönend, wie in *Obřistvi*, in anderen tonlos, wie in *Přibram*. Im ersteren Falle ist es also nach unserer

Bezeichnungsweise zu schreiben *r*[*zy*], im letzteren *'r*[*sχ*]. Auch die Aussprache *'r*[sχ] kann vorkommen, da Zitterlaut und Reibungsgeräusch zwar sehr rasch aufeinander folgen, aber nicht gleichzeitig sind, so dass das erstere den Ton haben kann, während derselbe dem letzteren fehlt.

Purkiňe führt bereits an, dass das Ersch in *přes* und *patř* tonlos, dagegen in *řeka* und *dři* tönend sei. Die Eigenthümlichkeit des Lautes besteht aber nicht allein in der raschen Aufeinanderfolge des *r* und [*sχ*], sondern auch in der Kürze des *r*.

Von drei jungen Czechen, mit welchen ich mich über die Natur des Lautes unterhielt, wurde einer wegen seiner harten Aussprache von den anderen getadelt. Er gab dem *r* drei bis vier Vibrationen, während bei seinen beiden Landsleuten die Zungenspitze nur zweimal gegen den Gaumen schlug.

Noch schwächer wird das *r* in dem entsprechenden polnischen Laute *rz* gehört, so dass Purkiňe sagt, er betrachte das Zittern gar nicht mehr als zum Wesen des Lautes gehörig, und in Rücksicht auf den Mangel jenes Zitterns nicht nur auf die Aussprache einzelner Individuen, sondern auch auf den oberschlesischen Dialect hinweist. Als Professor Rydel, ein geborener Pole aus Strzelce wielkie in Galizien, so freundlich war, mir behufs der phonetischen Transscription einen polnischen Text vorzulesen, bemerkte ich, dass der Zitterlaut im *rz*, da, wo er wie in *tworzącego* deutlich hörbar war, nicht mit der Zunge, sondern im Kehlkopfe gebildet wurde, er war nichts anderes als das Kehlkopf-*R* der Niedersachsen, das *soft-R* der Engländer. Aus dieser Aussprache erklärt sich auch die Angabe der Polen, in ihrem *rz* sei das *r* gleichzeitig mit dem [*zy*], was sonst nicht wohl möglich wäre.

Man kann alle tönenden Continuae mehr oder weniger leicht mit dem Zitterlaute des Kehlkopfs und mit dem *Ain* der Araber verbinden, aber die so entstehenden Laute sind streng genommen nicht zusammengesetzter als die tönenden Continuae selbst, denn die Zeichen *w*, *l* u. s. w. bezeichnen nicht nur einen bestimmten Zustand der Mundtheile, sondern auch einen bestimmten Zustand der Stimmritze, durch den sich z. B. *w* von *f* unterscheidet. Ändert sich dieser Zustand der Stimmritze, so dass der einfache Ton der Stimme in das *Ain* umgewandelt wird, so kann dies zwar durch ein angefügtes Zeichen angedeutet werden, aber der Consonant wird dadurch in unserem Sinne nicht zusammengesetzt, weil wir den Kehlkopf für sich nicht als eigene Articulationsstelle angenommen und somit die Zeichen, welche sich lediglich auf seinen Zustand beziehen, nicht als volle Consonantenzeichen angesehen haben.

VII. Abschnitt.

Über die Stellen des Lautsystems, an denen Vocale und Consonanten einander berühren.

Wenn man ein *u* hervorbringt und dabei die gerundete Mundöffnung so weit verengt, dass ein Reibungsgeräusch entsteht, so entspricht dieses, vom Ton der Stimme begleitet, dem *w*¹; der Ton der Stimme behält aber dabei den Charakter des *u*. Wir haben schon, als wir von den Diphthongen handelten, gesehen, dass das consonantische Element für das Ohr noch leichter zu Tage tritt, wenn man aus dem *u* in die Stellung für einen offenen Vocal übergeht, indem man das *u* mit diesem diphthongisch zu verbinden sucht, und dass sich daraus die Doppelstellung der Zeichen von v im Lateinischen und vom *w* im Englischen als Vocalzeichen und als Consonantenzeichen erklärt. In der That wird das für das Ohr in englisch *water* anlautende *w*¹ mit einer Mundstellung hervorgebracht, welche, wenn man direct in einen Consonanten übergeht, ein *u*, kein *w*¹, giebt, wie man sogleich bemerkt, wenn man die Stimme lauten lässt und z. B. ein *l* anhängt: man spricht *ul*, wohl gemerkt ohne den Stimmritzenverschlufs, den wir Deutschen sonst jedem anlautenden Vocale vorangehen lassen. Will man *w*¹*ul* sprechen, so muss man schon die Mundöffnung etwas mehr verengen, und sucht man nun aus dieser mehr verengten Mundöffnung wieder englisch *water* zu sprechen, so wird man merken, dass der Laut nicht ganz so ausfällt, wie man ihn aus dem Munde des Engländers hört. Aber nicht nur wenn ein offener Vocal wie *a* folgt, sondern auch wenn ein *i* folgt, wie in englisch *we* oder *will*, genügt die Stellung für das *u*, wenn man nur den Kehlkopfverschlufs vermeidet und diphthongisch, das heifst hier, einsylbig spricht, die Mundtheile, sobald die Stimme anlautet, nicht mehr in der Stellung *u* ruhen lässt, sondern sofort gegen *i* bewegt.

Bringt man *i* hervor und verengt dann den Raum zwischen Zunge und Gaumen da, wo er schon am engsten ist, noch weiter, so erzeugt man, weil eben hier die Articulationsstelle des y^1 liegt, ein *Jot*. Hierdurch geht der Vocallaut *i* nicht verloren, sondern man hört wirklich den Vocal *i* und den Consonanten *Jot* gleichzeitig. Es ist dies das Gegenstück zu dem w^1 mit der Vocalresonanz *u*. Auch im Übrigen macht man hier ganz analoge Erfahrungen. Eine *J*-Stellung, die, wenn man aus ihr direct in einen Consonanten fällt und *in*, *il* oder *ir* spricht, für das Ohr noch nichts von einem Consonanten hören lässt, zeigt einen solchen, wenn man in einen andern Vocal übergeht. Es braucht hier wiederum kein offener zu sein; denn auch für die Aussprache von englisch *you* genügt es mit der *I*-Stellung zu beginnen. Wenn man aber englisch *year* (y^1ir) sprechen will, so muss man stärker verengern, man muss ein wirkliches y^1 erzeugen.

Das, was ich hier über englisch *w* und englisch *y* gesagt habe, ist etwas abweichend von meiner in der ersten Auflage enthaltenen Darstellung. Dort hatte ich engl. *w* als eine Verschmelzung des Vocals *u* mit dem Consonanten w^1 behandelt und *y* als eine Verschmelzung des Vocals *i* mit dem Consonanten y^1. Ich muss mich deshalb näher darüber erklären.

Schon in meiner phonetischen Transscription (Sitzungsber. S. 277, Separatabdruck S. 57), sah ich mich genöthigt englisch *we* einfach durch *ui* wiederzugeben. Ich weiſs, dass ich damit etwas that, wovor Alex. J. Ellis (*Essentials of phonethics p. 43—44*) ausdrücklich warnt. Ich würde sicher nicht von dem, was ein so erfahrener und erprobter Phonetiker in Rücksicht auf seine eigene Muttersprache sagt, und von den Consequenzen meiner eigenen früheren Darstellung abgewichen sein, wenn dies die directe Beobachtung nicht unabweislich gefordert hätte. Mein Verkehr mit Engländern, theils auf dem Continent, theils während eines kurzen Aufenthaltes in London, hat mich, nachdem ich einmal meine Aufmerksamkeit auf den fraglichen Punct gerichtet hatte, nur in meiner jetzigen Auffassung befestigt. Die Abweichung ist indessen nicht so groſs, wie sie auf den ersten Anblick scheint. Ellis wendet sich gegen Solche, welche engl. *w* überhaupt als ein mit dem folgenden Vocal diphthongisch verbundenes *u* ansehen: ich aber erkenne das consonantische *w* ausdrücklich in allen denjenigen englischen Wörtern an, in denen auf das *w* noch ein *U*-Laut folgt. Ellis spricht ferner von Leuten, die in dem engl. *w* ein kurzes *u* suchen, ich sehe aber in dem *w* weder ein kurzes noch ein langes *u*, sondern einfach das Zeichen für die Stellung *u*, aus der rein diphthongisch, also so dass nur eine Sylbe, ohne jede Discontinuität, entsteht, in den folgenden Vocal übergegangen werden soll. Ich behaupte nichts anderes als dass ein Theil der Bevölkerung Englands, und zwar der, dessen Sprache wegen seiner höheren gesellschaftlichen Stellung und seiner höheren Bildung als maſsgebend gilt, beim anlautenden *w* die Organe in eine Stellung bringt, welche, wenn sie dauernd wäre, bei lautender Stimme den Vocal *u*, nicht einen Consonanten geben würde. Noch ein Punct kommt in Betracht, dessen Ellis hier nicht erwähnt: nämlich der, dass hier der Stimmritzenverschluſs, der im Englischen wie im Deutschen dem vocalischen Anlaute vorher geht, und den ich in meiner Transscription stets eigens bezeichnet habe, hier fehlen muss. Er würde engl. *w* sofort zur Unkenntlichkeit entstellen, wie andererseits sein Fehlen uns das gewöhnliche Criterium des vocalischen Anlautes vermissen lässt.

Ellis erwähnt, dass engl. *w* in Wörtern wie *wheel*, *whale*, *which*, *when* auch in der lauten Sprache den Ton der Stimme nicht habe, und es könnte scheinen, als ob deshalb, um den Lauteffect hervorzubringen, nothwendig eine wahre Consonantenstellung vorhanden sein müsste; dem ist aber nicht so. Man stelle die Mundtheile zum *u* und treibe bei verschiedener Weite der Stimmritze, von der weit offenen bis zu der zum Flüstern verengten, den exspiratorischen Luftstrom hindurch: man wird immer einen deutlichen Lauteffect erzielen. Wir kommen hier wieder auf die Geräusche zurück, welche Donders in Anspruch nahm, um die Stimmung der Mundhöhle bei den verschiedenen Vocalen zu erforschen. Bei tönender Stimme gehen sie, da sie selbst ihren Charakter der Resonanz verdanken, im Vocalton auf, während die eigentlichen Consonantengeräusche sich neben dem Stimmton als accessorisches Element erhalten.

Alles was ich hier von engl. *w* gesagt habe, ist *mutatis mutandis* auf engl. *y* anwendbar. Ellis erwähnt, dass engl. *y* auch ohne Stimmton vorkomme, zwar nicht unter seinem Zeichen, aber in Wörtern wie *hew*, *human*: er transscribirt aber hier nach dem Zeichen für stimmlos engl. *y* noch ein kurzes *i*. Es soll also offenbar auch noch ein wirklich vocalisches und tönendes Element mit dem Charakter des *i* vorhanden sein.

VIII. Abschnitt.

Mouillirte Laute.

Die bekanntesten mouillirten Laute sind das *l mouillé* und das *n mouillé*, von denen ersteres im Italienischen durch *gl*, im Spanischen durch *ll*, im Portugiesischen durch *lh*, letzteres im Italienischen durch *gn*, im Spanischen durch ñ (*N con tilde*) und im Portugiesischen durch *nh* ausgedrückt wird. Man kann das Wesen dieser Laute mit wenigen Worten bezeichnen, wenn man sagt, sie sind *l* und *n* mit unmittelbar darauf folgendem *Jot*. Chladni hat dies bereits vor zweiunddreissig Jahren im Wesentlichen richtig ausgedrückt, indem er sagt, das *l mouillé* sei eine Verschmelzung des *l* mit einem kurz darauf folgenden Mittellaute, zwischen *i* und *j*. In neuerer Zeit haben aber viele Sprachforscher wieder angefangen, die mouillirten Laute als einfach zu behandeln, und es muss deshalb hier der Beweis geführt werden, dass sie dies nicht sind.

Dass in dem *n mouillé* ein *n* enthalten sei, daran zweifelt Niemand, es ist aber leicht zu zeigen, dass es auch ein *Jot* enthält. Man spreche *campann* . . ., indem man das *n* alveolar bildet und längere Zeit hindurch aushält, so wird man bemerken, dass dies ohne alle Schwierigkeit gelingt und die Zunge dabei ganz ruhig vorn am Gaumen liegen bleibt. Man spreche nun *campagne* und versuche das *n mouillé*, mit dem dieses Wort schliefst, eben so auszuhalten, so wird man leicht bemerken, dass dies durchaus nicht gelingt, sondern dass man entweder nur ein reines *n* bildet, oder wenn man es bis zum Mouilliren gebracht, nun nicht mehr ein *n* aushält, sondern ein Reibungsgeräusch, welches man leicht für ein *Jot* erkennt. Diejenigen, welche nicht gewöhnt sind, zu lautiren, und deshalb die baren Consonanten oft schwer erkennen, mögen dem ausgehaltenen Laute ein *a* anhängen, sie werden dann sofort ein deutliches „*ja*", die deutsche Affirmation, hören.

Man wird zugleich bemerken, dass in dem Augenblicke, wo man das *n* mouillirt, sich die Spitze der Zunge vom Gaumen entfernt und über die letztere ein dünner Luftstrom hinfliefst, während beim *n*, so lange es rein war, gar keine Luft zum Munde herausging. Dies ist der Luftstrom des tönenden Reibungsgeräusches *Jot*. Stellt man dieselben Versuche so an, dass man das *n* dorsal bildet (Typus n^3), so wird man bemerken, dass sich die Zunge beim Mouilliren viel weniger bewegt, weil ihre Lage der für das *Jot* nothwendigen schon viel näher steht; aber es wird dem aufmerksamen Beobachter doch nicht entgehen, dass im Augenblicke des Mouillirens sich der Verschlufs zum *n* löst und hinter demselben eine Enge behufs der Bildung des *Jot* entsteht, dass ferner von diesem Augenblicke an Luft zum Munde herausfliefst, was früher durchaus nicht der Fall war. In dem Bisherigen liegt schon der Beweis, dass beim *n mouillé* von keiner Verschmelzung des *n* und *y* die Rede sein kann, denn *n* und *Jot* sind durchaus unverträgliche Consonanten, d. h. der eine schliefst die gleichzeitige Bildung des andern aus. So lange *n* tönt, ist der Mundcanal geschlossen und der Nasencanal offen, und so lange kann *Jot* nicht tönen, weil beim *Jot* der Nasencanal gesperrt, aber im Mundcanal ein Durchgang für die Luft sein muss. Das *Jot* beginnt also erst in dem Augenblick, in dem das *n* aufhört. Die irrthümliche Vorstellung von der Verschmelzung des *n* und *Jot* hat, wie ich glaube, ihren Grund in der geringen Zeitdauer, welche ihnen meistens zukommt, so dass beide oft nicht mehr Zeit in Anspruch nehmen, als unter anderen Umständen auf die Aussprache eines einfachen Consonanten verwendet wird.

Beim *l mouillé* ist die Sache im Wesentlichen wie beim *n mouillé*. Der Unterschied ist folgender: Beim Mouilliren des *l* wird in dem Augenblick, wo sich auf der Zunge die Rinne für das *Jot* bildet, nicht der Nasencanal gesperrt, denn dieser ist beim *l* schon gesperrt, aber es werden die beiden seitlichen Öffnungen zwischen Zunge und Backenzähnen geschlossen, aus denen während des *l* die Luft hervorströmte. Für Diejenigen, welche nicht gewöhnt sind, die Laute selbst physiologisch zu analysiren, sondern ihre Ansichten über dieselben aus den Wandlungen herleiten, welche die Laute erleiden, bemerke ich noch, dass das *l* im *l mouillé* bisweilen verschwindet und dann nur das *Jot* übrig bleibt. So hört man $ma\ f^2\bar{\imath}y^1$ für $ma\ f^2il^3y^1$ (*fille*) und $hay^1\breve{o}^a$ für $hal^3y^1\breve{o}^a$ (*haillon*). Auch geht das aus dem *i* entstandene *Jot* des *l mouillé* dieselbe Wandlung in französisches *j* ein, wie das *Jot*, welches als vom g^1 abgeleitetes Reibungsgeräusch auftritt. So heifst es im Venetianischen *mud[zy]er* (*mulier*) für mol^3y^1e (*moglie*). Nach demselben Principe geht das ry^1 (*r mouillé*) der slavischen Sprachen in einzelnen derselben in *r*[*zy*] oder *ś*[*sχ*] (böhmisch ř) über, so dass auch diese Laute mit unter den mouillirten aufgezählt werden.

Es ist von Einigen gesagt worden, der mouillirende Laut sei eigentlich kein *Jot*, sondern ein *i*, von Anderen, er sei ein Mittelding zwischen *i* und *Jot*. Dass der Laut kein blofses *i* ist, geht schon daraus hervor, dass er noch in seiner charakteristischen Eigenschaft gehört wird, wenn ihm ein *i* nachfolgt. Ein Mittelding zwischen *i* und *y* ist mir als bestimmt charakterisirter Laut nicht bekannt, wohl aber ein *i*, bei dem die für dasselbe nöthige Verengerung des Mundcanals so weit getrieben wird, dass dadurch das Reibungsgeräusch *Jot* anklingt. Dieser Laut scheint mir auch nicht nothwendig beim Mouilliren gebildet zu werden, sondern ein blofses *Jot*, weil der Kehlkopf nicht immer so weit gehoben wird, als es zum *i* nöthig sein würde. Wenn ich z. B. das Wort *houille* ausspreche und dabei den Finger auf den Adamsapfel lege, so hebt sich derselbe bei dem Übergange von *u* durch *l* zu *Jot* nur wenig, wenn ich dagegen dem *l mouillé* noch ein *i* anhänge und z. B. *Neuilly* spreche, so hebt er sich sogleich viel stärker. Hierin mag es aber nach Nationen und Individuen Abstufungen geben, so dass beim Mouilliren der Kehlkopf bald mehr bald weniger gehoben wird[23]), ebenso wie dies beim *y* der Engländer der Fall ist, das häufig mit so wenig gehobenem Kehlkopfe gebildet wird, dass viele es geradezu für identisch halten mit dem deutschen *Jot*. Ich will auch nicht in Abrede stellen, dass man in manchen Verbindungen das Mouilliren bewirken kann und bewirkt, indem man nicht durch die *Jot*-Stellung, sondern durch die *I*-Stellung hindurchgeht. Dies kann überall geschehen, wo auf den mouillirten Laut noch ein Vocal folgt und dieser Vocal nicht *i* ist. In diesen Fällen wird nämlich, wie wir gesehen haben, beim Durchgange durch die *I*-Stellung und diphthon-

---

[23]) Herr Prof. v. Piotrowski sagte mir, dass bei den polnischen mouillirten Lauten der Mundcanal für das y^1 und χ^1 sehr stark verengt wird, und dass der Kehlkopf dabei aufsteigt, wie beim *i*, während er beim *ł* herabsinkt.

gischer Aussprache für das Ohr schon der Laut eines *Jot* der mouillirende Laut erzeugt. Dass aber das *I* nicht an sich, sondern nur insofern es zum akustischen Effect eines *Jot*-Lautes Veranlassung giebt, mouillirendes Element ist, zeigen die Wörter, in denen das *L* oder *N mouillé* auslautet, ohne dass ihm irgend etwas Vocalisches nachfolgt, wie z. B. *Montreuil*, und ebenso die, in denen ihm ein *i* folgt, wie *faillir, saillir*. Bei diesen fällt trotz des *i* jede Mouillirung fort, sobald man den *Jot*-Laut unterdrückt.

Weniger entschieden ist im Italienischen die Mouillirung bei nachfolgendem *i*, z. B. in *gli*. Hier ist das *gl* oft nichts als ein dorsales *l*, ein l^3. Ich hatte dies bei Abfassung der ersten Auflage nicht bemerkt, weil damals die Anzahl der Italiener, welche ich ihre Muttersprache hatte sprechen hören, noch gering war.

Wichtig ist es, dass von den Lauten, welche ich mit y^1, y^2, y^3 bezeichnet habe, immer nur das wahre *Jot* zum Mouilliren dient, das heifst das y^1, dessen Articulationsstelle da liegt, wo beim *I* die Zunge dem Gaumen genähert wird, also das vorderste. Mit y^2 darf niemals mouillirt werden, nicht einmal mit einem y^1, das sich der Grenze des y^2 nähert. Je weiter man das *Jot* nach vorne schiebt, um so eleganter wird das *l mouillé* und *n mouillé*.

Es lassen sich zwar alle Arten des *n* mouilliren, aber nicht mit gleicher Leichtigkeit; am schwersten das n^2, am leichtesten das n^3 (*n dorsale*), weil bei letzterem die Zunge nur eine äufserst geringe Bewegung zu machen braucht, um aus der Stellung für das *n* in die Stellung für das *Jot* überzugehen. Dasselbe gilt vom l^3, was deshalb auch vorzugsweise für das *l mouillé* in Gebrauch gezogen wird. Hiermit hängt ein Irrthum von Kempelen zusammen, der das l^3 für das ganze *l mouillé* hielt, weil er die kleine Bewegung übersah, welche die Zunge macht, um aus der Stellung des l^3 in die des y^1 überzugehen.

Das Verunglücken der Deutschen beim Hervorbringen der mouillirten Laute liegt in zweierlei Ursachen: erstens nicht selten darin, dass sie kein l^3, sondern ein l^1 bilden, und zweitens darin, dass sie den Ton der Stimme nicht mit derselben Consequenz, wie die Franzosen und Italiener, aushalten. Namentlich die Süddeutschen haben, wie ich schon früher erwähnte, Neigung, tönende Consonanten zu flüstern, was, wenn es hier mit dem mouillirenden y^1 geschieht, den Charakter des Ganzen völlig verändert.

Auch von den verschiedenen Arten des *d*, *t*, *z* und *s* werden vorzugsweise d^3, t^3, z^3 und s^3 mouillirt. Wenn ein tonloser Verschlufslaut mouillirt wird, so lässt es sich, da derselbe mit weit geöffneter Stimmritze explodiren muss, nicht vermeiden, dass der Anfang des *Jot* den Ton verliert. Verengt man die Stimmritze nicht so bald als möglich, so verliert das *Jot* in seiner ganzen Ausdehnung den Ton, und aus t^3y^1 wird dann $t^3\chi^1$. Wenn man z. B. das englische Wort *tube* ausspricht, so verliert das *Jot*, welches dem *u* vorhergeht und mit unter seinem Zeichen steht, einen Theil seines Tones dadurch, dass ein *t* vorhergeht, das als tonloser Verschlufslaut bei weit geöffneter Stimmritze explodirt, und es gehört für den Deutschen einige Übung dazu, um nicht geradezu $t^3\chi^1$*ūb* statt t^3y^1*ūb* zu sagen, wobei dann in der Regel noch, und auch wohl von Engländern, das y^1 geflüstert wird. Etwas geringer ist die Schwierigkeit, wenn ein tonloses Reibungsgeräusch vorhergeht, z. B. in dem englischen *suit*. Es ist unrichtig z^3y^1*ūt* zu sprechen, aber fast ebenso unrichtig $s^3\chi^1$*ūt*; die richtige Aussprache ist s^3y^1*ūt*, wenn auch nicht mit tönendem, doch mit geflüstertem y^1.

Einen grofsen Reichthum an mouillirten Consonanten haben die slavischen Sprachen; bei ihnen verliert das mouillirende *Jot*, wenn der zu mouillirende Consonant tonlos ist, den Ton vollständig und geht in χ^1 über. Im mouillirten *r* der Böhmen und Polen (ř und *rz*) erlitten die mouillirenden Laute χ^1 und y^1 die, wie wir früher gesehen haben, so häufige Verwandlung in [*sχ*] und [*zy*]. Ich will hier eine Übersicht über die mouillirten Laute der slavischen Sprachen geben, wie ich sie vom Hrn. Prof. von Miklosich erhalten habe.

Altslovenisch.

lj (ль) = l^3y^1; *nj* (нь) = n^3y^1; *rj* (рь) = ry^1.

Neuslovenisch.

$lj = l^3y^1$; $nj = n^3y^1$.

Serbisch.

lj (љ) $= l^3y^1$; nj (њ) $= n^3y^1$; dj (ђ) $= d^3y^1$; tj (ћ) $= t^3\chi^1$.

Großrussisch.

lj (ль) $= l^3y^1$; nj (нь) $= n^3y^1$; rj (рь) $= ry^1$; tj (ть) $= t^3\chi^1$; dj (дь) $= d^3y^1$ [24]; zj (зь) $= z^3y^1$; sj (сь) $= s^3\chi^1$; pj (пь) $= p^1\chi^1$; bj (бь) $= b^1y^1$; vj (вь) $= w^2y^1$; mj (мь) $= m^1y^1$.

Kleinrussisch.

lj (ль) $= l^3y^1$; nj (нь) $= n^3y^1$; tj (ть) $= t^1\chi^1$; dj (дь) $= d^3y^1$; cj (ць) $= t^3s^3\chi^1$; sj (сь) $= s^3\chi^1$; zj (зь) $= z^3y^1$.

Böhmisch.

ň $= n^3y^1$; ř $= r[zy]$ oder $\psi[s\chi]$ (siehe oben bei den zusammengesetzten Lauten); ť $= t^3\chi^1$; ď $= d^3y^1$.

Polnisch.

$l = l^3y^1$; ń $= n^3y^1$; $rz = r[zy]$ (das r kaum hörbar; siehe oben S. 89); ć $= t^3s^3\chi^1$; dź $= d^3z^3y^1$; ś $= s^3\chi^1$; ź $= z^3y^1$; ṕ $= p^1\chi^1$; b́ $= b^1y^1$; ẃ $= w^2y^1$.

Oberlausitzisch.

$lj = l^3y^1$; $nj = n^3y^1$; $rj = ry^1$; ć $= t^3s^3\chi^1$.

Niederlausitzisch.

$lj = l^3y^1$; $nj = n^3y^1$; $rj = ry^1$; ś $= s^3\chi^1$; ź $= z^3y^1$; ć $= t^3s^3\chi^1$.

---

24) Im Russischen werden bei tj und dj die Laute χ^1 und y^1, die zur Mouillirung dienen, schwächer gehört als im Serbischen, wo sie stärker als in anderen slavischen Sprachen hervortreten.

IX. Abschnitt.

Systematik der Sprachlaute bei Indern und Hellenen.

Nachdem ich dem Leser die Sprachlaute in derjenigen Zusammenstellung vorgeführt habe, welche ich für die natürliche und zweckmäfsige halte, wollen wir einen Blick zurückwerfen, auf die systematischen Bestrebungen älterer und neuerer Zeit. Die Übersicht, welche ich gebe, macht keinen Anspruch auf Vollständigkeit. Ich berücksichtige nur die vorzüglichsten derjenigen Systeme, welche wirklich eine physiologische Grundlage haben, aber selbst bei diesen wird man sich mit der Idee vertraut machen müssen, dass die Baumeister oft die Symbole statt der Dinge classificirt und deshalb kein symmetrisches Gebäude zu Stande gebracht haben. Eine andere Klippe, an der die Systematiker fast noch häufiger scheiterten, war das *sch* der Deutschen mit dem dazu gehörigen tönenden Laute, indem sie nicht bemerkten, dass dasselbe zwei Articulationsstellen hat und somit nicht den übrigen sogenannten Sibilanten, die nur eine Articulationsstelle haben, zugeordnet werden kann, wenn die Articulationsstelle, wie dies in allen Systemen der Fall ist, mit als Eintheilungsgrund auftritt.

Beginnen wir mit dem in den Scholien zu Pânini (herausgegeben von Otto Böhtlingk. Bonn, 1839) enthaltenen Systeme der Sanskritlaute, in dem dieselben nach den Articulationsstellen eingetheilt sind. Die einzelnen Laute werde ich, um die Sanskritbuchstaben zu vermeiden, nach Bopp bezeichnen.

Kehllaute.

a, *k*, *k̔*, *g*, *g̔ n*, *h*.

Wir haben früher gesehen, dass es unpassend ist, die Vocale wie die Consonanten nach Articulationsstellen eintheilen zu wollen, weil ihre Entstehung auf ganz anderen

Principien beruht; wenn man aber diesen Misgriff einmal gemacht hat, so begeht man keinen neuen, indem man wie die Inder das *a* der Kehle, das *i* dem Gaumen und das *u* den Lippen zutheilt. *k* und *g* dieser Reihe sind bei ihrer Zusammenordnung mit *a* und *h* als k^2 und g^2 unserer Bezeichnung, also als das *k* in *Rock* und das *g* in *Schmuggel* auszusprechen. *ḱ* und *ǵ* sind Aspiraten von *k* und *g* und sollen nach der Überlieferung wie *kh* und *gh* gelesen werden. Ich will dies vorläufig auf sich beruhen lassen und am Schlusse von den Sanskritaspiraten im Zusammenhange sprechen. *n* ist das *n* in *Wange* und *wanken*, also der zugehörige Resonant, das x^2 unserer Bezeichnung. Dass das *h* unter die Kehllaute versetzt wurde, ist, sobald man es überhaupt in einem System der Consonanten unterbringen will, in der Ordnung, und der Name *Guttural* ist offenbar passender für *h* als für *k* und *g*, welche am Gaumen gebildet werden. Schwer ist es zu begreifen, weshalb die Inder bei einer anderweitigen, übrigens vollkommen richtig durchgeführten Eintheilung der Consonanten in tonlose und tönende, das *h* mit zu den tönenden rechnen. Man kann den Indern, die in Rücksicht auf Sprachlaute so viel Beobachtungsgabe an den Tag legten, nicht wohl zutrauen, dass sie den blofsen Hauch für tönend hielten. Die Dêvanâgarî ist eine Schrift, welche durch die Inconstanz der Vocalzeichen noch deutlich die Spuren des Syllabischen an sich trägt, und vielleicht nahmen die Inder, als sie das *h* den tönenden Lauten zuordneten, wegen der Schwäche seines consonantischen Elementes, weniger auf dieses als auf den damit verbundenen Vocal Rücksicht.

Auch Purkiňe führt das *h* unter den tönenden Lauten auf, indem er sagt, es entstehe, wenn sich der Hauchlaut mit einem gelinden dumpfen Tone verbinde. Er bemerkt sehr richtig, dass dem *h* die qualitativen Verschiedenheiten der sämmtlichen Vocale wie allen übrigen Kehlkopflauten mitgetheilt werden können, je nach der Form, welche man dem Rachenmundcanale giebt, je nachdem man ihn für *i*, *a*, *u* u. s. w. einrichtet. Aber ich sehe hierin keinen Grund, das *h* als tönend zu bezeichnen, denn gerade im Augenblicke, wo die Stimme zu tönen beginnt, schwindet das, was für das *h* charakteristisch ist, der Hauchlaut, und man kann die Combination *aha* nicht aussprechen, ohne beim *h* einen wenn auch noch so kurzen Zeitmoment mit der Stimme auszusetzen.

Über die alte indische Aussprache des *h* ist man nicht im Reinen. Benfey bemerkt, dass es in den griechischen Transscriptionen im Anlaut nie ausgedrückt wird, woraus er schliefst, dass es nur schwach gehaucht wurde, im Inlaute konnte es durch χ transscribirt und z. B. *βραχμάν* für *brahman* geschrieben werden; dass *h* im In- und Auslaute in ein hinteres χ übergeht, ist bekanntlich auch in anderen Sprachen keine seltene Erscheinung. Schon Purkiňe führt Beispiele dafür aus dem Böhmischen an, und im Deutschen finden sich solche zwar nicht in der Schriftsprache, wohl aber in oberdeutschen Dialecten, wo es z. B. $[s^1\chi^2]\bar{u}\chi^2$ oder $[s^1\chi^2]\bar{u}a\chi^2$ für *Schuh* heifst. Nach dem *i* geht hier das *h* nicht in χ^2, sondern in χ^1 über, z. B. *du si*χ^1*st* für *du siehest*. Wenn wir übrigens die grofsen Dialectverschiedenheiten in lebenden Mundarten berücksichtigen, so können wir leicht vermuthen, dass auch im alten Indien das *h* nicht überall und zu allen Zeiten gleich gelautet habe.

Gaumenlaute.

i, ć, c̋, ǵ, g̋, n, y, ś,

Diese Reihe ist nach der jetzigen Art zu lesen bunt durcheinander gewürfelt. Sie enthält neben dem Vocal *I* den Consonanten *J* (deutsches *Jot*, oder hier wohl richtiger englisch *y*) und das *n mouillé*, während *ć* wie *t*[*sχ*] (englisch *ch*) und *ǵ* wie *d*[*zy*] (englisch *j*) gesprochen wird. *ś* soll ein Zischlaut sein, der nach Benfey zwischen deutsch *sch* und *s* liegt.

Rud. von Raumer hat schon im Jahre 1837 in seiner Schrift über Aspiration und Lautverschiebung wahrscheinlich gemacht, dass Buchstaben dieser Reihe unter dem Einflufse der Assibilation ihren Lautwerth verändert haben, und

Ellis, Max Müller, Lepsius und Andere haben sich ihm angeschlossen. *ć* und *ǵ* konnten in der Schrift verdoppelt werden, was wenig Sinn gehabt haben würde, wenn sie von Hause aus denselben Lautwerth hatten, wie in der jetzigen Brahminenaussprache. Wenn man voraussetzt, dass hier dieselbe Wandlung stattgefunden habe, wie vom Lateinischen zum Italienischen, d. h. von *k* zu *t*[*sχ*] und von *g* zu *d*[*zy*], so muss der Lautwerth von *ć* voraussichtlich k^1 und der von *ǵ* g^1 gewesen sein, da der Vocal *i* an die Spitze der Reihe gestellt ist.

Max Müller führt an, dass durch die Restauration in diesem Sinne Lautähnlichkeiten mit Schwestersprachen hervortreten, die durch die jetzige Aussprache verwischt sind. So erkennen wir nicht in *t*[*sχ*]*atwar*, wohl aber in *katwar* das *quatuor* der Römer und das *keturi* der Lithauer; nicht in *rad*[*zy*]*a*, wohl aber in *raga* das *rex*, *regis* des Lateinischen. Nach Benfey wird dagegen die jetzige Aussprache durch chinesische Transscriptionen gerechtfertigt. Ich bin nicht in der Lage, das Alter derselben zu beurtheilen, aber jedenfalls kann man aus ihnen nur auf die Aussprache ihrer Zeit, nicht auf eine ältere schliefsen. Wenn man sich übrigens überzeugt hat, wie Assibilation und Nichtassibilation dialectisch nebeneinander hergehen, wenn man z. B. in Venedig in ein- und demselben Hause k^1*iǎw*^{2}*e*, t^1[$s^1χ^2$]*iǎw*^{2}*e* und t^1[$s^1χ^2$]*ǎw*^{2} neben einander hört, so kann man es nicht unmöglich finden, dass auch im Sanskrit einmal die Aussprachen k^1 und *t*[*sχ*] für *ć* neben einander existirt haben.

Wie war der ursprüngliche Laut von *ś*?

Nach Benfey geben die Chinesen das *ś* durch [*sχ*] wieder, während es andererseits in indischen Schriften mit dem einfachen *s* abwechselt. Wir können uns darüber nicht wundern, da auch bei uns Deutschen die Aussprache von *s* in den Combinationen *st* und *sp* zwischen *s* und [*sχ*] schwankt. Ist die Aussprache als [*sχ*] als die ältere anzusehen, so muss dem *ś* der ursprüngliche Lautwerth $χ^1$ zugeschrieben werden, wie dies auch geschehen ist. Es würde die Wandlung von $χ^1$ in [*sχ*] ganz mit der von k^1 in *t*[*sχ*] und von *g*¹ in *d*[*yz*] zusammenpassen und auch mit der Umwandlung von *y*¹ in [*zy*], die wir in romanischen Sprachen so häufig antreffen.

War hingegen die ältere Aussprache die des *s*, so müssen wir wohl von einer solchen Vermuthung absehen. Wir haben es dann wahrscheinlich mit einem *s dorsale*, einem s^3 unserer Bezeichnung zu thun, das des gehobenen Zungenrückens wegen an diese Stelle des Systems gesetzt wurde. Noch leichter konnte es an dieser Stelle stehen, wenn es später mit einem χ^1 zu einem polnischen *ś*, d. h. zu [$s\chi^1$] verbunden wurde, endlich überhaupt, wenn es in ein nicht weit nach rückwärts liegendes [$s\chi$] übergegangen war.

Wenn man die Gesetze der Symmetrie streng durchführen wollte, müsste das *n* dieser Reihe eine Veränderung erleiden; es könnte dann nicht als *n mouillé* gesprochen werden, welches nach der jetzigen Aussprache sein Lautwerth sein soll, sondern müsste, entsprechend dem π^1 unserer Bezeichnung, lauten wie das *n* in *Schwinge*, *Schminke*, *Menge*, *Gelenke* u. s. w. Der Grund hiervon wird Jedem klar sein, der sich an das erinnert, was früher über die Resonanten der *g* Reihe und über die mouillirten Laute gesagt ist.

Cerebrallaute.

ṛ, ṭ, ṭʿ, ḍ, ḍʿ, ṇ, r, ś.

t, *d* und *n* dieser Reihe sind das t^2, d^2 und n^2 unserer Bezeichnung und bereits früher besprochen. *ś* entspricht nach der überlieferten Aussprache dem *sch* der Deutschen oder vielleicht mehr dem des jüdischen Dialects, denn ich habe schon erwähnt, dass derselbe ein *sch* besitzt, das [$s^2\chi^3$] zu schreiben ist, also ein cerebrales *s* enthält. Dass wir das *r* in dieser Reihe finden, ist nicht auffallend, da die Inder es entweder zu den Dentalen oder Cerebralen zählen mussten, da sie unsere alveolare Zwischenstufe zwischen beiden, der das *r* eigentlich angehört, nicht unterschieden. Vielleicht bildeten sie ihr *r* auch wirklich cerebral. Wie ich schon oben (S. 58) erwähnt habe, lässt sich auch ein cerebrales *r* bilden, wenn es gleich Vielen grofse Schwierigkeiten bieten mag. *ṛ* steht hier als Zeichen für den sogenannten Vocal *r*, dem die Sanskritisten den syllabischen Lautwerth *ri* zuschreiben. Ich muss darauf aufmerksam machen, dass man in Wörtern, welche *r* zwischen zwei Consonanten enthalten, leicht ein kurzes *i* hinter dem *r* zu hören glaubt, wo in der That gar kein Vocal vorhanden ist, und dass man noch leichter beim ungeschickten Nachsprechen dieser Wörter ein solches *i* hervorbringt. Sobald nämlich die Vibrationen des *r* nachlassen und nicht sogleich der folgende Consonant beginnt, nimmt die in der Zwischenzeit forttönende Stimme wegen des gehobenen Kehlkopfs und der gehobenen Zunge den Vocallaut *i* an. Dass der Laut gedehnt werden kann (wobei sich seinem Zeichen ein Häkchen anhängt), weist in ihm kein vocalisches Element nach, denn jeder Consonant kann gedehnt werden, mit Ausnahme der Verschlufslaute, und selbst diese, wenn man die Dehnung nicht auf den Laut, sondern auf den Verschlufs bezieht. Nur wenn das Zeichen für den entsprechenden gedehnten Laut einem *r* mit angehängtem langen *i* entspräche, so würde das Ohr jeder Täuschung enthoben sein. Ich bin wie von Miklosich[25]) der Ansicht, dass das *r* an und für sich und ohne Beihilfe eines Vocals sylbenbildend auftreten kann, und muss es den Sanskritforschern überlassen, zu entscheiden, ob die auf uns gekommenen Documente die Aussprache des sogenannten vocalischen *r* mit dem Lautwerthe *ri* erheischen oder nicht. Im letzteren Falle würde ich sie für eine willkürliche, durch keine innere Nothwendigkeit begründete halten.

Dentallaute.

ḷ, t, t', d, d', n, l, s.

In dieser Reihe haben *t, d, n, s* und *l* ähnlichen Lautwerth wie im Deutschen und Lateinischen.

---

[25]) Vergleichende Grammatik der slawischen Sprachen. 2. Band. Einleitung.

Forbes giebt an, dass die Verschlufslaute dieser Reihe wirklich dental, also als d^1 und t^1, gebildet werden, und so fand ich es auch bei einer später zu besprechenden Gelegenheit für das *Hindustani*.

ḷ steht hier als Zeichen für den sogenannten Vocal *l*, dem der syllabische Lautwerth *li* zugeschrieben wird. Es gilt von ihm im Wesentlichen das, was über den sogenannten Vocal *ṛ* gesagt wurde.

Labiallaute.

w, p, p̔, b, b̔, m.

Diese Reihe bedarf keiner weiteren Erklärung. Das *w* wird als Lippenzahnlaut bezeichnet. Wir haben ausführliche Nachrichten über dasselbe durch Max Müller (*On the pronunciation of Latin, in „the Academy“* vom 15. December 1871). Es scheint seine Articulation gewechselt zu haben. In einigen alten Quellen wird es einfach als labial bezeichnet, in anderen aber, und in einer sehr genau und ausführlich, als labiodental, also als w^2, und es ist sicher, dass es zu Pânini's Zeit in dieser Weise gebildet wurde.

Der Vocal *e* wird als Kehlgaumenlaut bezeichnet und *o* als Kehllippenlaut. Die Inder dachten sich nämlich *e* allgemein als durch Verschmelzung von *a* und *i*, *o* allgemein als durch Verschmelzung von *a* und *u* entstanden, da *e* und *o* sich im Sanskrit in dieser Weise entwickelt haben. In den Veden findet sich endlich noch ein eigenthümlicher *L*-Laut, den Einige durch *lr* wiedergeben, während Wilkins ihn dem *ll* des Wälischen ähnlich findet, Max Müller ihn für ein *L mouillé* hält, und Böthlingk darin das *l* der Cerebralreihe, also das l^2 unserer Bezeichnung sieht.

Es liegt mir nun noch ob, von den Aspiraten zu sprechen, über welche ich bisher hinweggegangen bin. Die Aspiraten der Tenues wurden in den obigen Reihen gemäfs der Transscription von Bopp durch die Tenues mit darüber gesetztem Spiritus asper angedeutet, ebenso die entsprechenden tönenden Laute durch die Medien mit darüber gesetztem Spiritus asper.

Nach der jetzigen Aussprache sind die tonlosen Aspiraten Tenues, denen ein *h* nachfolgt. Die Tenues der Deutschen werden als aspirirte bezeichnet im Vergleiche mit denen der Slaven und Romanen, weil der Stimmton nach ihnen zögernder einsetzt als bei den Tenues der letzteren, was wohl theilweise, wenn auch nicht ausschliefslich, in der Bildung der Tenues aus weit offener Stimmritze seinen Grund hat. Dieser zögernde Einsatz des Stimmtons zeigt sich nicht nur bei nachfolgenden Vocalen, sondern auch bei nachfolgenden tönenden Consonanten, indem dieselben theilweise oder ganz den Ton verlieren. So hört man *klaue* oder *kλlaue* für *klaue*, *tṙaube* oder *tṙraube* für *traube* u. s. w., aber eine solche Tenuis ist noch keine Aspirata im Sinne des Sanskrit, einer solchen muss ein wirkliches und wahres *h* folgen; d. h. wenn die Tenuis explodirt ist, muss die Luft bei mäfsig verengter Stimmritze ausströmen und den bekannten *H*-Laut geben. Dieses *h* hat so sehr seinen vollen und selbstständigen Lautwerth, dass, wenn in der Schrift die Aspirata zwischen zwei Vocalen steht, die in derselben enthaltene Tenuis für das Ohr die Sylbe schliefst, das *h* die folgende Sylbe anfängt. Auch in der Palatalreihe, wo, wie wir oben gesehen haben, *k*' in *t*[*sχ*] übergegangen ist, existirt dieses *h* noch und folgt hier dem Reibungsgeräusch [*sχ*] nach. Bei Sylbentrennung schliefst das Reibungsgeräusch [*sχ*] die eine Sylbe, und das *h* fängt die folgende an.

Es könnte scheinen, dass das, was ich hier soeben in Übereinstimmung mit den Angaben der berühmtesten Sanskritlehrer gesagt habe, vollständig umgestofsen wäre durch die gewichtige Aussage von Beames[26]: „*The aspirates are never considered as mere combinations of an ordi-*

[26]) *Comparative Grammar of the modern arian languages of India. London, 1872, p. 264.* Diese Quelle ist mir von Prof. von Miklosich nachgewiesen worden.

nary letter with h. It is quite a European idea so to treat them; kh is not a k-sound followed by an h, it is a k uttered with a greater effort of breath than ordinary. The native name for the aspirates is mahâprâna „great breath", as opposed to the lenes or alpa prâna „little breath" letter. Weiter heifst es: „*It must ever be borne in mind, that the aspirate is uttered by one action of the mouth; there is not the slightest stop or pause between the k and the h; in fact, no native ever imagines that there is a k or a h either in the sound.*" Wenn man indessen näher in die Sache eingeht, findet man das Gesagte nicht unvereinbar mit dem, was bisher über die traditionelle Aussprache gelehrt wurde. Es wird nicht in Abrede gestellt, dass im *kh* ein *k* und ein *h* zu hören sei, nur soll zwischen beiden keine Pause sein. Das ist auch nicht der Fall, wenn die Stimmritze schon zum *h* verengt ist, wenn das *k* explodirt. Freilich möchte der Ausdruck grofser Hauch darauf schliefsen lassen, dass die Stimmritze zuförderst stark erweitert ist, und dann erst zum *h* verengert wird. Ein *stop* zwischen dem *k* und *h* würde auch dadurch nicht entstehen, es würde nur das *h* dem *k* mehr nachgehaucht werden, nicht so unmittelbar mit der Explosion hervorplatzen. Das *kh* soll durch eine Action des Mundes hervorgebracht werden; das wird es auf alle Fälle, da der Mund nur mit der Tenuis zu thun hat, und sich beim *h* gänzlich passiv verhält. Selbst bei der Silbentrennung entsteht zwischen *k* und *h* keine andere Pause als die, welche im *k* selbst liegt, die Pause, die durch den *k*-Verschlufs selbst repräsentirt wird; denn hier entsteht der *k*-Laut durch die Herstellung des Verschlufses, das *h* tritt nach ganz oder nahezu lautloser Eröffnung desselben hervor.

Was die Ansicht der Asiaten betrifft, so hat diese sie doch nicht gehindert, in den Aspiraten einen Verschlufslaut und ein *h* zu hören, wie die Umschrift mit arabischen Buchstaben beweist. Man kann einwenden, dass die Umschrift nicht von den Eingeborenen, sondern von muhammedanischen Eroberern gemacht wurde: aber auch in den Sprachen der Eingeborenen finden sich Spuren des gehörten oder gesprochenen *h*-Lautes. So führt Beames selbst an (l. c. p. 262), dass in Sanskritwurzeln an die Stelle einer Aspirata oft ein einfaches *h* getreten sei. Ferner findet sich das Zeichen alter Sanskritmanuscripte, welches als l^2 unserer Bezeichnung gedeutet wurde, und in gewissen Fällen das d^2 vertritt, mit dem Sanskritzeichen für *h* verbunden als Vertreter der Aspirata des d^2. (Vergl. Benfey, Gramm. der Sanskritsprache, Leipzig, 1852. Bd. I. p. 2.)

Es ist ungewiss wie alt diese eben beschriebene Aussprache und seit wie lange sie die herrschende ist; aber Eines kann man kaum bezweifeln, dass einmal noch eine andere existirt hat, und zwar als eine in gröfserer oder geringerer Ausdehnung anerkannte und herrschende.

In Max Müller's Werk: *The languages of the seat of the war in the east* heifst es auf S. XXXII: *According to Sanskrit-grammarians, if we begin to pronounce the tenuis, but in place of stopping it abruptly, allow it to come out with what they call the corresponding „wind" (flatus, wrongly called sibilans), we produce the aspirata, as a modified tenuis, not as a double consonant. This however, is admissible for the tenuis aspirata only and not for the media aspirata. Other grammarians, therefore, maintain that all mediae aspiratae are formed by pronouncing the media with a final 'h, the flatus lenis being considered indentical with the spiritus: and they insist on this principally because the aspirated mediae could not be said to merge into, or terminate by, a hard sibilant.*

Fassen wir zuerst diesen Passus in's Auge, so weit er die Tenuisaspiraten, d. h. die tonlosen Aspiraten angeht. So weit giebt er nicht dem geringsten Zweifel Raum, da Max Müller auf S. XXVII erwähnt, dass die Reibungsgeräusche von den Sanskrit-Grammatikern *winds* genannt werden. Es wird in ihm die Ableitung der tonlosen Reibungsgeräusche aus den tonlosen Verschlufslauten beschrieben. Kein Mensch konnte eine Beschreibung von solcher Einfachheit und Wahrheit erfinden, wenn diese Reibungsgeräusche nicht in der Sprache existirten. Nehmen wir also an, dass jedesmal mit dem vollen Verschlufse für die Tenuis angefangen wurde, so führt diese Beschreibung zu folgenden Lautwerthen:

$$k', \tilde{c}, t', t', \dot{p}$$

$$k^2\chi^2, k^1\chi^1, t^2s^2, t^4s^4, p f^1.$$

Dieser Ansicht ist auch Rud. v. Raumer, aber er glaubt, dass die Reibungsgeräusche nicht ihren vollen Lautwerth hatten, nach seiner ursprünglichen Ausdrucksweise ein unentwickelter Nachhall waren. Er erklärte dies später dahin, dass die Theile nicht in der Lage für die Reibungsgeräusche zur Ruhe kommen, nur flüchtig hindurchgehen, so dass die eben aus dem Verschlufse entstandene Enge gleich wieder zu weit wird, um ein gehöriges Reibungsgeräusch zu geben. Es würde sich dies, so erklärt, wesentlich nur auf die Dauer, nicht auf die Qualität des Lautes beziehen, denn wir bringen ja vielfältig Consonanten hervor, indem wir nur durch ihre Lage hindurchgehen. Rud. von Raumer[27]) sträubt sich wesentlich gegen die Vorstellung, dass die Aspiraten vollständige Doppellaute gewesen seien. Sie hätten dann Position machen müssen, was sie nicht thaten. Es ist aber schwer zu sagen, was in einer todten Sprache Position machen musste, denn die Gesetze der Position sind verschiedene. Was im Lateinischen Position macht, macht deshalb noch nicht Position im Deutschen, obgleich, wie ich in meinen physiologischen Grundlagen der neuhochdeutschen Verskunst gezeigt habe, das Wesen der Position dem Deutschen keineswegs fremd ist. Es handelt sich immer darum, wie schwer der Zeitaufwand, welchen die gehäuften Consonanten zu ihrer Hervorbringung erheischen, für den Vers in's Gewicht fällt.

Die alten Sanskritgrammatiker sollen die Aspiraten selbst als einfache Laute ansehen. Es ist dies vollkommen selbstverständlich, wenn man die Aspiraten einfach für die

---

[27]) Weitere Erörterungen über das Wesen der Aspiraten. Zeitschrift f. d. österreichischen Gymnasien, 1859, V. Heft. Gesammte Abhandlungen S. 394.

entsprechenden Reibungsgeräusche hält. Ein Beispiel einer solchen Aussprache aus der Jetztzeit führt Beames (l. c. p. 264) an, indem er erzählt, dass *ph* im Verkehr vielfältig wie *f* gesprochen werde. Ich glaubte auch den ursprünglichen Lautwerth der Aspiraten so deuten zu müssen, habe aber diese Ansicht aufgegeben, weil Rud. von Raumer nachwies[28]), dass schon in den ältesten indischen Quellen die Aspiraten mit unseren Verschlufslauten und Resonanten als solche Consonanten bezeichnet werden, bei denen die Organe sich berühren. Ich glaube aber auch, dass die Vorstellung p^1f^1, t^4s^4, t^2s^2, $k^1\chi^1$ und $k^2\chi^2$ seien einfache Laute zwar nicht richtig, aber doch erklärlich ist. Sie bieten hierfür im Ganzen weniger Schwierigkeit als die im Deutschen vorkommenden Combinationen p^1f^2 und t^1s^1 oder t^3s^3, d. h. deutsch *Zett*. Bei p^1f^2 z. B. in *pferd, pfahl* tritt ein Wechsel der Articulationsstelle ein, bei t^1s^1 ist dies zwar nicht der Fall, aber der scharfe zischende Laut des s^1 löst sich für das Ohr auffälliger von der Tenuis ab, als dies bei den oben für die Sanskritaspiraten aufgestellten Lautwerthen der Fall ist. Und doch gab es Leute und giebt noch solche, die deutsch *z* für einen Laut halten.[29]) Ich muss an diese Auffassung der Aspiraten noch weitere Betrachtungen knüpfen.

Wir haben bis jetzt dem allgemeinen Sprachgebrauche gemäfs gesagt, „die Verschlufslaute explodiren“ und haben uns mit der Vorstellung begnügt, dass der Verschlufs durch den exspiratorischen Luftstrom durchgestofsen oder durchgedrückt wird. So einfach ist aber die Sache nur, wenn

---

28) Sprachliche Umwandlung und naturgeschichtliche Bestimmung der Laute. Zeitschrift für die österreichischen Gymnasien, 1858, V. Heft, gesammelte Abhandlungen S. 384 u. 385.

29) Die im Verhältnisse mit mancher anderen noch phonetisch zu nennende italienische Orthographie behandelt *z* als einfachen Laut, obgleich es anerkannt theils als t^1s^1, theils als d^1z^1 ausgesprochen wird. Sie schreibt *ragazzo, polizza* u. s. w. Ich erwähne dies für Solche, welche aus der Verdoppelung des Schriftzeichens sofort auf die einfache Natur eines Lautes schliefsen. Man muss die lebenden Sprachen ansehen, um nicht in Rücksicht auf die todten Schlüsse zu machen, die nicht gerechtfertigt sind.

das zugehörige Reibungsgeräusch folgen soll; folgt ein anderer Consonant oder ein Vocal nach, so tritt eine combinirte Action ein, es wird dann der Verschlufs an Ort und Stelle auch activ, durch Muskelaction geöffnet und so weit geräumt, dass auch keine Enge mehr bleibt, welche ein Reibungsgeräusch verursachen könnte. Diese Action ist von Bedeutung für den Lauteffect, wie man schon daraus ersehen kann, dass sich analoge Lauteffecte, wie sie den Tenuis eigen sind, bei verhaltenem Athem, also ganz ohne exspiratorischen Luftstrom, erzeugen lassen, der *P*-Laut durch sogenanntes Paffen mit den Lippen, *T*- und *K*-Laut durch Abschnalzen mit der Zunge vom Gaumen. Wenn man dagegen die Theile an einander ruhen lässt, oder nur leise und wenig öffnet, und den Luftstrom zwischen ihnen hindurchdrängt, so entsteht unter entschiedener Schwächung des Explosivlautes das dazugehörige Reibungsgeräusch, und diese Laute sind es, mit denen wir es hier zu thun haben. Gehen wir sie einzeln durch.

$\acute{k}$ ist gedeutet als $k^2\chi^2$, ein Laut, den wohl jeder meiner Leser schon aus dem Munde von Schweizern gehört hat, ohne dass es ihm gerade eingefallen wäre, dass dieser Laut phonetisch mit zwei Zeichen geschrieben werden muss. Ähnlich verhält es sich mit $\acute{c} = k^1\chi^1$. Gewiss hat Mancher schon *kχind* für *kind* sprechen hören, ohne dass es ihm auffiel, dass hier ein Buchstabe mehr lautete, als bei der correcten Aussprache. $\underset{\cdot}{\acute{t}} = t^2s^2$ giebt eine Art Zett, bei dem aber der Zischlaut weniger scharf ist und sich für mein Ohr weniger vom t trennt, als dies beim deutschen Zett der Fall ist. $t = t^4s^4$ giebt t in Verbindung mit dem tonlosen *th* der Engländer, eine Combination, deren Zwiefältigkeit weniger in's Ohr fällt als die unseres Zett, und die wir sehr häufig von Nichtengländern, wenn sie Englisch sprechen, ja selbst von Engländern für s^4 sprechen hören, ohne dass uns das zu enge Anlegen der Zunge an die Zähne, darin besteht ja der ganze Sprachfehler, sogleich die Vorstellung erweckte, dass wir einen Consonanten mehr hören. Endlich $\acute{p} = p^1f^1$ giebt ein explosives Blasen, das gleichfalls für einen einfachen Laut imponiren kann.

Für den Fall, dass gewichtige sprachwissenschaftliche Gründe vorhanden sein sollten, den Reibungsgeräuschen in den Aspiraten eine gewisse Lautschwäche zuzuschreiben, muss noch eine Möglichkeit erwähnt werden. Dieselbe wird für Rud. von Raumer ziemlich nahe liegen, da er bereits Betrachtungen darüber anstellte, wie das Reibungsgeräusch einer Enge dadurch geschwächt werde, dass sich hinter ihr eine andere Enge bildet. Er konnte die zu erwähnende Möglichkeit aber nicht direct für seinen Zweck verwerthen, weil damals die Mechanik des *h* noch weniger genau bekannt war, wie sie es später durch die Untersuchung mit dem Kehlkopfspiegel geworden ist.

Nehmen wir an, bei der Hervorbringung der Tenuisaspiraten werde die Stimmritze zum *h* eingestellt, also mäſsig verengt, so werden die Reibungsgeräusche dadurch abgeschwächt, gerade so wie f^2 durch den analogen Vorgang zu holländisch *v* abgeschwächt wird. (Siehe oben S. 78.) Hiermit würde sich dann auch eine Brücke bauen lassen zu der traditionellen Aussprache, ganz im Sinne der Ansicht von Rud. von Raumer. Man braucht nur anzunehmen, dass der Verschluſs mehr und mehr activ eröffnet und erweitert wird, und dem Verschluſslaute folgt nun kein zugehöriges Reibungsgeräusch mehr nach, sondern ein *h*.

Auf viel gröſsere Schwierigkeiten stoſsen wir bei den tönenden, bei den sogenannten Medienaspiraten. Es ist alles sehr einfach, wenn wir annehmen, dass sie aus den Medien mit den dazu gehörigen tönenden Reibungsgeräuschen bestanden. Dann würden sie folgende Lautwerthe gehabt haben:

g̣̀	*g̣̋*	*ḍʻ*	*dʻ*	*bʻ*
g^2y^2	g^1y^1	d^2z^2	d^4z^4	b^1w^1

Ebenso einfach würde alles sein, wenn man ihnen den Lautwerth der bloſsen tönenden Reibungsgeräusche zuschreiben könnte. Ein Beispiel solcher Aussprache führt Beames (l. c. p. 264) an, indem er sagt, dass das *bʻ* von den Eingeborenen des östlichen Indiens durchweg wie das *v* der Engländer ausgesprochen werde. Eine derartige

Aussprache, vielleicht auch solche als *w*¹, könnte früher in gröfserer Ausdehnung geherrscht haben als jetzt. Aber der Übergang zur jetzt herrschenden Aussprache ist hier keineswegs so leicht herzustellen, wie bei den tonlosen.

Überdies sagt Max Müller (*Lectures on the science of language London, 1864, Ser. II, p. 148*) ausdrücklich, dass des *corresponding wind* nur erwähnt werde bei den tonlosen Aspiraten, dass dagegen die tönenden beschrieben werden als Verbindungen der Medien mit einem Hauch.

Ich muss mich zunächst darauf beschränken, die heutige Aussprache, so weit es in meinen Kräften steht, zu erörtern, denn was in den Grammatiken darüber gesagt ist, ist nicht ohne weiteres verständlich.

Ich habe keine Gelegenheit gehabt, einen Eingebornen über das Sanskrit zu Rathe zu ziehen, aber über die Aussprache der in Rede stehenden Laute im Hindustani habe ich vollgiltige Auskunft erhalten.

Als die Brüder Schlagintweit aus Indien zurückkehrten, brachten sie einen Munschi aus Calcutta mit. Während sie Wien passirten, hatte ich Gelegenheit, denselben zu sehen, und als er später wieder nach Indien abreiste, hatte H. von Schlagintweit die Güte, mich zu benachrichtigen, dass er sich in Wien wieder kurze Zeit aufhalten werde. Er blieb fast zwei Tage hier. Da er fertig Englisch sprach, so konnte ich mich ausführlich mit ihm besprechen, und ihm eine Reihe von Fragen vorlegen, die er mit viel Intelligenz und sichtlich gutem Willen mich zu belehren beantwortete. Ich habe die Resultate meiner Beobachtungen im Aprilhefte des XXXI. Bandes der Sitzungsberichte der philosophisch - historischen Classe der kaiserlichen Akademie der Wissenschaften niedergelegt. Ich muss auf ihrer Richtigkeit bestehen abweichenden Angaben gegenüber, die nach Beobachtungen an demselben Individuum gemacht sind. Ich will hier kurz das Wesentlichste wiederholen.

Da bei der Media die Stimmritze zum Tönen verengt ist, so ist es klar, dass ihr nicht ohne eine wesentliche

Veränderung im Kehlkopfe ein *h* angefügt werden kann. Es ist auf dreierlei Weise möglich, letzteres zu bewirken:

1. Man lässt die Media tönend explodiren und bildet erst dann das *h*. In diesem Falle hängt sich an die Media ein kurzer unbestimmter Vocal, der sich mehr oder weniger deutlich zwischen sie und das *h* einschiebt. *bha* lautet dann fast wie *be'ha*, *dha* wie *de'ha*, *gha* wie *ge'ha*.

2. Man erweitert die Stimmritze schon unmittelbar vor der Durchbrechung des Verschlufses. Dann explodirt der als Media, das heifst mit tönender Stimme, angefangene Verschlufslaut nicht als solche, sondern als Tenuis, der sich nun das *h* leicht verbindet. Man muss für diese Aussprache von *bha*, *dha*, *gha* phonetisch schreiben *bpha*. *dtha*, *gkha*.

3. Man beginnt die Media wie gewöhnlich tönend, sistirt aber dann den Ton der Stimme, öffnet den Mundhöhlenverschlufs geräuschlos und lässt nun das *h* nachfolgen.

Diese letztere Art, Medienaspiraten zu bilden, zeigte Said Muhammed bei Silbentrennung, so dass die Beispiele *club-house*, *land-holder*, wie sie Max Müller in dem citirten Werke für die Medienaspiraten des Sanskrit anführt, dem Engländer bei seiner correcten tönenden Aussprache der Medien den Vorgang vollkommen gut versinnlichen. — In einem Worte, in welchem dem *g̒* ein *l* folgte, erschien hierbei statt des *h* ein *χ*, das Wort lautete mit unsern Zeichen phonetisch transscribirt *pigχlāna*, nicht wie es der Regel nach hätte lauten sollen *pighlāna*. Man sieht, der *corresponding wind* macht sich auch hier ausnahmsweise geltend.

Auch im Auslaute kam der unter 3 erwähnte Bildungsmodus vor. In *bāgh* wurde das *g* wie am Silbenende und ohne Explosivlaut gesprochen und das *h* ihm nachgehaucht. Man denke sich, man wolle das Wort *Waghäusel* aussprechen, breche aber hinter dem *h* ab, so dass es nicht in einen Vocal übergeht, sondern als blofser Hauch das Wort endigt. Man braucht dann nur noch das *w* in *b* umzuändern und hat die Aussprache unseres Wortes *bāgh*.

Aber auch der unter 2 beschriebene Modus kam vor

und schien im Anlaute der gewöhnliche zu sein. So musste *gâs* = *ghâs* phonetisch transscribirt werden *gkhās*, denn das g wurde tönend angefangen, explodirte dann aber tonlos, also als correspondirende Tenuis, und an diese schlofs sich unmittelbar das *h*. Der tönende Anfang der Media ist sogenannter Purkiňe'scher Blählaut, d. h. es wird der *g*-Verschlufs gebildet und die Stimme tönt an, indem die Luft durch die tönende Stimmritze in den gebildeten Blindsack gedrängt wird, dann aber öffnet sich die Stimmritze, die Explosion erfolgt tonlos, aber nicht lautlos, und ihr folgt unmittelbar das *h*. Dasselbe zeigte sich auch in Wörtern, die mit *b*ʿ oder *d*ʿ anfingen.

Auch im Auslaute kam diese Art der Bildung vor. So musste *bud*ʿ phonetisch transscribirt werden *budth*.

Auch im Inlaute kam sie vor, und zwar da, wo sogenannte Verdoppelung stattfand, die in der arabischen Schrift des Munschi consequenter Weise durch *Teschdid* ausgedrückt wurde. Statt *buḍḍha*, wie es hätte hei sen sollen, musste phonetisch transscribirt werden *buḍtha*. Der Verschlufs wurde mit Schlufs der ersten Sylbe tönend gebildet und mit Beginn der zweiten tonlos, jedoch nicht lautlos durchbrochen.

Eine besondere Betrachtung verdient *ǵ*, die Medienaspirate der Palatalreihe. Ihr Laut soll in unseren Zeichen *d*[*zy*]*h* sein. Wir haben es also hier nicht mehr mit einer Media zu thun, der sich das *h* anhängen soll, sondern mit einem tönenden Reibungsgeräusche, dem sich das *h* anhängen soll. Im Munde von Said Muhammed verlor dabei das Reibungsgeräusch stets den Ton der Stimme, so dass der Lautwerth nicht *d*[*zy*]*h*, sondern *d*[*sχ*]*h* war. Hierdurch wird natürlich die Sache sehr vereinfacht. Im Inlaute verharrte das [*sχ*] beim *d* als Sylbenschlufs und das *h* fing die folgende Sylbe an.

Im Anlaute war das *h* in *d*[*sχ*]*h* manchmal nicht deutlich vernehmbar, und die Aspiration wurde nur durch die Tonlosigkeit des Reibungsgeräusches markirt. Dabei explodirte auch der Verschlufslaut tonlos, also als Tenuis, aber immer tönte anfangs mit der Bildung des Verschlufses die Stimme an, wodurch die Media als solche kenntlich wurde. Auch in der entsprechenden tonlosen Aspirate in *č*, d. h. *t*[*sχ*]*h* war das *h* nicht so lautbeständig wie in den übrigen tonlosen Aspiraten. Ich konnte es in manchen Beispielen nicht unterscheiden.

Ich will dem, was hier über die heutige Aussprache im Hindustani gesagt ist, nur noch das hinzufügen, was Max Müller, vor dem alle alten Quellen aufgeschlagen lagen, über die tönenden Sanskritaspiraten sagt (*Lectures Ser. II, p.* 149 und 150). Er hält es für unzweifelhaft, dass sie, ebenso wie die tonlosen, mit einem Verschlufslaute begannen. Er sagt ferner, dass nach Sanskritgrammatikern die Medienaspiraten und das *h* von der Stimmritze verlangen „*both to be opened and to be closed*“. Es bezieht sich das nach Max Müller auf Ton und Tonlosigkeit, indem die Inder die tonlosen Laute als solche bezeichnen, die mit offener, die tönenden als solche, die mit geschlossener (verengter) Stimmritze gebildet werden. Es kann dies so verstanden werden, dass die Stimmritze bei der Media zum Tönen verengt ist, beim angehängten Hauche offen, es kann auch gemeint sein, dass sie sich (unter Umständen) schon während des Mundhöhlenverschlufses öffnet; auf alle Fälle passt die Angabe noch auf die Hindustani - Aussprache der Medienaspiraten, wie ich sie vorhin beschrieben habe. Ich kann nicht beurtheilen, wie sie sich auf das *h* des Sanskrit anwenden lässt. Vielleicht hängt sie mit der ursprünglichen syllabischen Schrift zusammen, vielleicht liegt ihr die Fiction zu Grunde, dass das *h* nicht der Hauch allein sei, sondern der Hauch verbunden mit vocalischem Anlaut, also *ah* oder *ăha*. Auch den romanischen Buchstabennamen *acca* und *ache* scheint eine ähnliche Auffassung zu Grunde zu liegen.

Gehen wir hiernach zu der Lauteintheilung der alten Griechen über.

Was uns von derselben erhalten blieb, besteht in zerstreuten Notizen, die mit Vorsicht benützt werden müssen, da wir über die Aussprache des Altgriechischen in mehreren Puncten ungewiss sind.

Sie theilten bekanntlich die Vocale in kurze (ε und ο), lange (η und ω) und unbestimmte (α, ι, υ). Über die Aussprache der Vocale in der Blüthezeit der attischen Literatur ist man trotz der zahlreichen Schriften, die darüber existiren, nicht im Reinen. Nur einzelne Puncte sind wohl durch unzweideutige Angaben als erledigt zu betrachten, und dahin gehört meiner Meinung nach der Streit, ob das η immer wie *i* ausgesprochen worden sei oder nicht, indem Henrichsen[30]), wie mir scheint, der Reuchlinischen Aussprache gegenüber die Erasmische hier siegreich vertheidigt hat. Das η konnte nicht wie *i* ausgesprochen worden sein, denn die Alten drückten das Blöcken der Schafe, in dem kein wohlorganisirter Mensch ein *i*, sondern jeder nur ein *e* oder *ä* hören kann, durch βῆ aus. Es kann sich nur darum handeln, ob der Laut des η ein *e* oder ein *ä* war. Mir scheint für das erstere zu sprechen, dass bei Einführung des ionischen Alphabetes in Athen das η an Stellen trat, an denen früher ein ε (also *e*) gestanden hatte, während für das zweite berücksichtigt werden muss, dass ein Dialect, der dorische, an Stelle von η ein α hatte. Vielleicht entsprach das η dem e^a unserer Bezeichnung, vielleicht kamen auch im hellenischen Munde die Vocale *e*, e^a und a^e alle drei lang vor, ohne dass sie in der Schrift besonders unterschieden worden wären.

Unzweifelhaft scheint es mir ferner, dass der Laut von υ im Alterthume nicht wie jetzt *i* war; denn noch in Theodosii Grammatica p. 4. Göttl. heifst es: das υ werde mit verengten Lippen (μύοντες τὰ χείλη) gesprochen, wie auch das ο. Ebenso heisst es in den Scholien zum Dionysius Thrax, dass die Aussprache des υ die Lippen zusammenziehe. So endlich Dionysius von Halikarnassos, der

30) Die neugriechische oder sogenannte Reuchlinische Aussprache der hellenischen Sprache. Deutsch von Friedrichsen. Parchim und Ludwigslust, 1839.

unter allen griechischen Schriftstellern die besten und fasslichsten Beschreibungen der Sprachlaute giebt. Nachdem er vom *ω* und der dabei stattfindenden Zusammenziehung der Lippen gesprochen hat, sagt er: *ἔστι δὲ ἧττον τούτου τὸ υ· περὶ γὰρ αὐτὰ τὰ χείλη συστολῆς γενομένης ἀξιολόγου πνίγεται καὶ στενὸς ἐκπίπτει ὁ ἦχος* (*de compositione verborum c. 14*). Nun ist es, wie wir früher gesehen haben, unmöglich, ein *i* mit verengten Lippen hervorzubringen. Es ist möglich, dass das *υ* nicht gerade dem *ü*' unserer Bezeichnung entsprach, sondern nur dem *i*''; aber ein *i* kann es nach dieser Beschreibung unmöglich gewesen sein. Für den Laut *ü*' im Gegensatze zu *i*'' spricht der Umstand, dass es im älteren Latein durch *u* wiedergegeben wurde. Das Zusammenziehen der Lippen würde auch auf die Aussprache *o*ᵉ passen, und in der That findet sich in des *Maximi Victorini ars grammatica* (*de littera, 18. Lindemann*: *Corpus grammaticorum Latinorum vet. V. 1 p. 277*) folgende Stelle: *Literae peregrinae sunt z et y, quae peregrinae a nobis propter Graeca quaedem nomina assumptae sunt, ut Hylas, Zephirus; quae si non adessent Hoelas et Sdephirus diceremus.* Aber schon der Umstand, dass hier wiederholt das *ζ* als *sd* statt als *ds* bezeichnet wird, lässt uns wenig Vertrauen zu der Genauigkeit der Quelle fassen. In des *Asperi Junioris ars grammatica* (*Segm. II. de littera. Lindemann corp. gramm. V. I p. 309*) heifst es: *Quibus* (*litteris Latinis*) *Graecorum accedunt duae z et y. Nam Mezentium et Hylam et alia nobis peregrina nomina scribere et enunciare proprio sono non possumus.*

Dionysius von Halikarnassos spricht auch unmittelbar darauf vom *i*, das er ganz abweichend vom *υ* folgendermafsen beschreibt: *ἔσχατον δὲ πάντων τὸ ι· περὶ τοὺς ὀδόντας τε γὰρ ἡ κρόυσις τοῦ πνεύματος γίνεται, μικρὸν ἀνοιγομένου τοῦ στόματος, καὶ οὐκ ἐπιλαμπρυνόντων τῶν χειλέων τὸν ἦχον.* Die geringe Entfernung der Kiefer (*μικρὸν ἀνοιγομένου τοῦ στόματος*) beim *i* muss hier wohl unterschieden werden von der Zusammenziehung der Lippen (*ἡ περὶ αὐτὰ τὰ χείλη συστολή*) beim *ü*. Dass das *i* seinen charakteristischen Laut dem Anfalle der Stimme gegen die Zähne verdanke, ist eine Vorstellung, der man auch später öfter begegnet. Die niedrige Stufe, auf welche Dionysius das *ι* in Rücksicht auf seinen rhetorischen Werth stellt, ist den unbedingten Vertheidigern der neugriechischen Aussprache eben nicht besonders günstig.

Die Aussprache von *α*, *ι*, *ε*, *ο* und *ω* wird nicht bezweifelt: ebenso scheint man ziemlich einig zu sein, dass *ου* wie *u* lautete. In Rücksicht auf die mit zwei Zeichen geschriebenen Vocallaute *αι*, *ει*, *οι* bin ich zu keiner bestimmten Ansicht gelangt.

Die Aussprache der Consonanten verlangt eine eingehende Erörterung. Die Griechen nannten sie theils sämmtlich *ἄφωνα* im Gegensatze zu den Vocalen (*φωνήεντα*), theils theilten sie sie in *ἡμίφωνα* und *ἄφωνα*. Letzteres wird gewöhnlich mit *mutae* übersetzt, und von Einigen dahin gedeutet, als ob diese Laute, nämlich

π,	*τ*,	*κ*,
β,	*δ*,	*γ*,
φ,	*θ*,	*χ*,

sämmtlich Verschlufslaute gewesen seien.

Es ist aber nöthig, die historische Entwicklung der Nomenclatur und Eintheilung etwas näher zu untersuchen. Plato im Theaetet (203 B.) rechnet das *σ* zu den *ἄφωνα*. *Τὸ σῖγμα*, heifst es, *τῶν ἀφώνων ἐστί, ψόφος τις μόνον, οἷον συριττούσης τῆς γλώττης*. Dies zeigt ganz unzweifelhaft, dass *ἄφωνα* in Plato's Sinne die Laute waren, welchen der Ton der Stimme abging, nicht aber die *mutae* in der späteren Bedeutung des Wortes als Verschlufslaute. Die Stelle lautet weiter: *τοῦ δ' αὖ βῆτα οὔτε φωνὴ οὔτε ψόφος, οὐδὲ τῶν πλείστων στοιχείων. ὥςτε πάνυ εὖ ἔχει τὸ λέγεσθαι αὐτὰ ἄλογα, ὧν γε τὰ ἐναργέστατα αὐτὰ (τὰ ἑπτὰ) φωνὴν μόνον ἔχει, λόγον δὲ οὐδ' ὁντινοῦν.*

Man sieht, wir werden darauf später zurückkommen, dass Plato den Stimmton im *b*, also voraussichtlich in den Medien überhaupt, nicht kannte; wie ja auch von Manchen die Medien noch heutzutage für tonlose Laute gehalten werden, dass er aber das *s* vom *b* noch unterscheidet als einen Laut, der ein eigenes Geräusch habe, während ein solches dem *b* nicht zukomme. Die Stelle ist ferner noch lehrreich über die Aussprache des σ im Altgriechischen. Plato lässt den Theaetet sagen, das σ sei ein blofses Geräusch, wie wenn man über die Zunge pfeift. Dies passt vollkommen auf das scharfe tonlose *s*, nicht so auf das tönende. Das *s* aber, an welches hier angeknüpft wird, ist das σ, das den Namen Sokrates anfängt. Es war also im Griechischen nicht nur das auslautende, sondern auch das anlautende *s* tonlos. Andererseits sagt Aristoteles, dass in den drei Buchstaben ψ, ζ, ξ, den σύμφωνα διπλᾶ der späteren griechischen Grammatiker, ein σ enthalten sei. (Metaph. N. 6 ed. Acad. Bor. 1093 a 24)[31]. Dies würde unrichtig sein, wenn das σ immer tonlos sein müsste, denn im ζ war das *s* tönend; das δ ist verschwunden, das tönende *s* ist als Lautwerth des ζ im Neugriechischen zurückgeblieben. Auch wird von mehreren Seiten (vergl. H. B. Rumpelt, nat. System der Sprachlaute, S. 70) die phonetisch wahrscheinliche und durch die neugriechische Aussprache gestützte Ansicht vertheidigt, dass das σ im Altgriechischen zwischen zwei Vocalen tönend gesprochen wurde. Hiernach würde sich das σ wesentlich so verhalten haben, wie es sich im Französischen und Italienischen verhält, tonlos im Anlaut, tonlos im Auslaut, aber tönend zwischen zwei Vocalen, vielleicht auch, wie im Neugriechischen, zwischen einem Vocale und gewissen tönenden Consonanten.

Schliefslich zu unserer Stelle noch eine Bemerkung. In der Stallbaum'schen Ausgabe, nach der ich citire, ist τὰ ἑπτά (die sieben Vocale) eingeklammert. Es scheint also dass τὰ ἑπτά für eine spätere Einschaltung gehalten wird,

[31]) Auch Dionysius Thrax (p. 632 Bekk.) und Sextus Empiricus (adv. gramm. I. 103) sagen, dass ζ aus δ und σ bestehe. Die Buchstaben ζ, ξ, ψ werden in dem, was ich über Classification sage, nicht mehr vorkommen, da sie schon im Alterthume als Gruppenzeichen erkannt wurden und deshalb eine isolirte Stellung aufserhalb des Systems einnehmen mussten.

und ich sehe in der That nicht ein, weshalb Plato hier blos die Vocale im Auge gehabt haben soll, da φωνή hier nicht im Gegensatze zu ψόφος, sondern im Gegensatze zu λόγος gesagt ist.

Es handelt sich darum, den Sprachgebrauch des Plato weiter zu verfolgen. Im Kratylus 424 C. heifst es: „δεῖ πρῶτον μὲν τὰ φωνήεντα διελέσθαι, ἔπειτα τῶν ἑτέρων κατὰ εἴδη τά τε ἄφωνα καὶ ἄφθογγα· οὑτωσὶ γάρ που λέγουσιν οἱ δεινοὶ περὶ τούτων· καὶ τὰ αὖ φωνήεντα μὲν οὔ, οὐ μέντοι γε ἄφθογγα. Man könnte denken, dass hier die Buchstaben ihrem wahren Lautwerthe nach in tonlose und tönende getheilt seien, und die ersteren dann wieder in solche, die noch einen Laut haben, und solche, die keinen haben; aber schon das δεῖ πρῶτον weist darauf hin, dass Sokrates, den Plato hier sprechen lässt, einem Sprachgebrauche folgt, dem wir auch anderswo in jener Zeit begegnen: φωνήεντα sind die Vocale, so bezeichnet sie auch Plato im Sophisten 253 A. in ganz unzweifelhafter Weise. Die übrigen sind die Consonanten; sie werden unterschieden in solche, die noch einen Ton, einen Klang, φθογγή, φθόγγος, haben, und solche, die keinen haben. Es ist dies eine Eintheilung, der wir auch später wieder mit etwas veränderten Namen begegnen, die bekannte Eintheilung in

φωνήεντα — α, ε, η, ι, ο, υ, ω.
ἡμίφωνα oder ὑγρά — λ, μ, ν, ρ
ἄφωνα — π, τ, κ,
β, δ, γ,
φ, θ, χ,

während das σ mit seinem wechselnden Lautwerthe theils eine zweifelhafte, theils eine isolirte (μοναδικόν) Stellung einnimmt.

Dass wir bei dieser Eintheilung die Medien unter den ganz tonlosen finden, kann uns nicht Wunder nehmen, da der Streit über diesen Punct bis auf den heutigen Tag fortgeht und Plato im Theaetet dem β Stimme und Geräusch gleichzeitig abspricht.

Suchen wir uns jetzt mit den Ansichten des Aristoteles bekannt zu machen, und fangen wir mit einem naturwissenschaftlichen Buche an. Wir finden folgende Stelle: (*περὶ τὰ ζῷα ἱστορίαι δ.* 9. Ed. Ac. Boruss. Bd. I. p. 535): *Φωνὴ καὶ ψόφος ἕτερόν ἐστι, καὶ τρίτον τούτων διάλεκτος· φωνεῖ μὲν οὖν οὐδενὶ τῶν ἄλλων μορίων οὐδὲν πλὴν τῷ φάρυγγι· διὸ ὅσα μὴ ἔχει πνεύμονα, οὐδὲ φθέγγεται· διάλεκτος δ' ἡ τῆς φωνῆς ἐστὶ τῇ γλώττῃ διάρθρωσις· τὰ μὲν οὖν φωνήεντα ἡ φωνὴ καὶ ὁ λάρυγξ ἀφίησιν, τὰ δ' ἄφωνα ἡ γλῶττα καὶ τὰ χείλη· ἐξ ὧν ἡ διάλεκτός ἐστιν.* Also auch für Aristoteles waren *φωνήεντα* Laute, welche den Ton der Stimme hatten, *ἄφωνα* solche, die ihn nicht hatten. Welche von den Buchstaben des Alphabets er zu den einen oder den anderen gerechnet haben mag, ist aus dieser Stelle nicht ersichtlich. Im weiteren Verlaufe sagt er vom *ψόφος*, dass derselbe auch mit anderen Theilen hervorgebracht werden könne, und führt das Beispiel mehrerer Insecten an, unter anderen auch das der Heuschrecken, welche mit ihren Beinen durch Geigen an den Flügeln die schrillen Töne hervorbringen, welche auf unseren Fluren an warmen Sommertagen die Luft erfüllen. In der *Ῥητορικὴ πρὸς Ἀλέξανδρον* 24 (*ed. Acad. Bor. 1434 b 34*) heifst es: *Ὡσαύτως καὶ συνθέσεις τρεῖς, μία μὲν εἰς φωνήεντα τελευτᾶν ταῖς συμβολαῖς καὶ ἀπο φωνήεντος ἄρχεσθαι, δευτέρα δὲ απὸ ἀφώνου ἀρξάμενον εἰς ἄφωνον τελευτᾶν, τρίτη δὲ τὰ ἄφωνα πρὸς τὰ φωνήεντα συνδεῖν.* Es unterliegt wohl keinem Zweifel, dass hier die Eintheilung der Sylben in solche mit vocalischem Anlaute, mit vocalischem Inlaute und mit vocalischem Auslaute vorliegt.

Hiernach waren für den, der diese Zeilen schrieb (ich weifs nicht, ob es sicher gestellt ist, dass es Aristoteles war), die Vocale *φωνήεντα*, alle Consonanten *ἄφωνα*, sei es, dass er den Stimmton in den tönenden Consonanten nicht beachtet hatte, sei es, dass er dem früher erwähnten Sprachgebrauche folgte, ohne Rücksicht darauf, ob er selbst wirklich alle Consonanten für stimmlos hielt oder nicht.

Blicken wir auf das Bisherige zurück, so finden wir, dass zur Zeit der grossen Weisen die Buchstaben eingetheilt wurden in *φωνήεντα*, die mit dem Stimmorgan, und in *ἄφωνα*, die mit der Zunge und den Lippen hervorgebracht wurden, die *φωνήεντα* waren im gewöhnlichen Sprachgebrauche die Vocale, die *ἄφωνα*, oder, wie sich Plato im *Kratylus* vorsichtig ausdrückt, *τὰ ἕτερα*, die Consonanten. Die Consonanten wurden wieder eingetheilt in solche, die einen Ton, Klang *φθογγή*, *φθόγγος* haben, und solche, die keinen haben, *ἄφωνα καὶ ἄφθογγα*. Im Theaetet finden wir aufserdem solche unterschieden, welche zwar keinen Stimmton, aber ein Geräusch, *ψόφος*, haben, wie das *σ*, und solche, die auch dieses nicht haben, wie das *β*.

Es findet sich aber in den aristotelischen Schriften noch eine Stelle, welche zu mehr Zweifeln Veranlassung giebt. *Περὶ ποιητικῆς* 20 (*ed. Acad. Bor. 1456 b 25*) heifst es: *Ἔστι δὲ φωνῆεν μὲν ἄνευ προςβολῆς ἔχον φωνὴν ἀκουστήν, οἷον τὸ Α καὶ τὸ Ω, ἡμίφωνον δὲ τὸ μετὰ προσβολῆς ἔχον φωνὴν ἀκουστήν, οἷον τὸ Σ καὶ τὸ Ρ, ἄφωνον δὲ τὸ μετὰ προσβολῆς καθ' αὑτὸ μὲν οὐδεμίαν ἔχον φωνήν, μετὰ δὲ τῶν ἐχόντων τινὰ φωνὴν γινόμενον ἀκουστόν, οἷον τὸ Γ καὶ τὸ Δ.*

Unter *προσβολή* muss hier der Anfall des Luftstromes gegen das consonantische Hindernis oder die Herstellung dieses Hindernisses durch gegenseitige Annäherung der Theile verstanden werden: die Consonanten haben *προσβολή*, die Vocale haben keine. Es fragt sich aber, wie ist *φωνή* hier zu verstehen? Soll es mit Stimme übersetzt werden, so ist die Stelle den früher erwähnten Angaben entsprechend: *φονήεντα* sind die Vocale, *ἡμίφωνα* die tönenden und *ἄφωνα* die tonlosen Consonanten mit Einschlufs der Medien. Es sind aber mehrfache Anzeigen vorhanden, dass *φωνή* hier nicht mit Stimme, sondern mit Laut zu übersetzen sei, erstens der Zusatz *ἀκουστήν*, zweitens der Umstand, dass sich unter den zwei Beispielen für die *ἡμίφωνα* gerade Σ befindet, das nur ausnahmsweise tönend war. Ferner die ganze Art, wie die *ἄφωνα* beschrieben werden, und der unbestimmte Artikel, der hier dem Worte *φωνήν* vorgesetzt ist.

Wenn aber hier φωνὴ ἀκουστή nichts heifsen soll, als hörbarer Laut, so ist dies im offenen Widerspruche mit dem, was Aristoteles in der erwähnten Stelle der *Historia animalium* über φωνή sagte. Es ist noch ein anderes Anzeichen vorhanden, welches die Autorschaft dieser Stelle zweifelhaft macht. Nach Bonitz' *Index Aristotelicus* kommt der Ausdruck ἡμίφωνον in den ganzen aristotelischen Schriften nur an dieser einen Stelle vor. Im Plato findet er sich, nach dem *Lexicon Platonicum* von Ast zu urtheilen, gar nicht. Auch bezeichnet ἄφωνα hier nicht mehr dem Sprachgebrauche der aristotelischen Zeit gemäfs die Consonanten überhaupt, sondern nur die Verschlufslaute. Es ist dies, nach Bonitz' *Index Aristotelicus* zu urtheilen, gleichfalls die einzige aristotelische Stelle, die diesen Sprachgebrauch adoptirt; sonst sind ἄφωνα immer die Consonanten im Gegensatze zu den Vocalen, φωνήεντα, wie aufser den erwähnten noch folgende Stellen zeigen: Ἡ συλλαβή, οὐ μόνον τὰ στοιχεῖα, τὸ φωνῆεν καὶ τὸ ἄφωνον (*Μετὰ τὰ φυσικά* ζ 17, 1041 *b* 16). Γραμματικὴ δὲ ἐκ φωνηέντων καὶ ἀφώνων γραμμάτων κρᾶσιν ποιησαμένη (*Περὶ κόσμου* 5, 396 *b* 18). Es muss erwähnt werden, dass in der späteren griechischen Zeit die Consonanten als solche nicht mehr ἄφωνα, sondern σύμφωνα genannt wurden, und die Bezeichnung ἄφωνα nur für die Verschlufslaute, mit oder ohne Einschlufs der Aspiraten φ, ϑ, χ, verblieb.

Die Übereinstimmung, welche uns die Vergleichung unserer Stelle mit der *Historia naturalis* vermissen lässt, finden wir, wenn wir einen verhältnismäfsig späten Schriftsteller, Sextus Empiricus, zu Rathe ziehen. Auch er theilt die Consonanten in ἡμίφωνα und ἄφωνα. Von den letzteren sagt er: (*adv. Gramm. I.* 102): Ἄφωνα δέ ἐστι τὰ μήτε συλλαβὰς καϑ' ἑαυτὰ ποιεῖν δυνάμενα, μήτε ἤχων ἰδιότητας, αὐτὸ δὲ μόνον, μετὰ τῶν ἄλλων συνεκφωνούμενα. Zu diesen rechnet er selbst aber nur π, τ, κ, β, δ, γ, wogegen er φ, ϑ, χ ausdrücklich zu denen stellt, ὅσα δι' αὐτῶν ῥοῖζον ἢ σιγμὸν ἢ *μυγμὸν ἤ τινα παραπλήσιον ἦχον κατὰ τὴν ἐκφώνησιν ἀποτελεῖν πεφυκότα.*

Er führt freilich zugleich an, dass Einige (*τινές, ἔνιοι*) *φ, ϑ, χ* nicht zu den *ἡμίφωνα*, sondern zu den *ἄφωνα* rechnen, dies wird aber hinreichend durch den früheren Sprachgebrauch erklärt, nach welchem *ἄφωνα* eben die Laute waren, welche den Ton der Stimme nicht hatten, zu denen also natürlich auch *φ, ϑ, χ* gerechnet werden mussten.

Wir sehen also, dass im Laufe der Zeiten die Benennungen ihren Sinn wechselten. Wir haben jetzt eine Eintheilung der Consonanten vor uns, welche unserer modernen Eintheilung in *Explosivae* und *Continuae* entsprechen würde, die *Explosivae* wären die *ἄφωνα*, die *Continuae* die *ἡμίφωνα*.

Weiter theilten die Griechen ein nach Articulationsstellen, als welche sie die Lippen, die Zähne und den Gaumen (*οὐρανός*) unterschieden; endlich theilten sie die tonlosen Consonanten noch wieder ein in *ψιλά*, *μέσα* und *δασέα*, was unserer Eintheilung in *Tenues*, *Mediae* und *Aspiratae* entspricht. Indem wir auf diese Eintheilung näher eingehen, müssen wir den Lautwerth dieser Zeichen im Alterthume besprechen. Über *π, τ, κ* sind nie Zweifel erhoben worden, auch ist man wohl ziemlich einstimmig darüber, dass *β, δ, γ*, die im Neugriechischen tönende Reibungsgeräusche (w^2, z^4, y) sind, in der classischen Zeit so ausgesprochen wurden, wie wir sie in unseren Schulen aussprechen, als *b, d, g*. Wann der Wechsel stattfand, wird sich wohl aus Inschriften genauer feststellen lassen, als es bis jetzt geschehen ist. Wann fing man an römisch *V* durch *β* auszudrücken? Wann fing man an *Βάῤῥων, Σεβῆρος* u. s. w. zu schreiben? Wann musste man aufhören *b* durch *β*, *d* durch *δ*, *g* durch *γ* auszudrücken?

Wesentlicher Zweifel existirt in Rücksicht auf *φ, ϑ, χ*, die im Neugriechischen f^2, s^4, *χ* unserer Bezeichnung sind. Hatten sie denselben Lautwerth und nur diesen auch im Alterthume?

Wir wissen, dass das *φ* nicht f^2 war, denn, wo es beschrieben wird, ist nur der Lippen erwähnt, nicht der

Zähne, und es war verschieden vom *f* der Römer, dem f^2. Wenn es einfach ein *f* war, so war es sicher *f labiale*, das f^1 unserer Bezeichnung. Aber vielleicht existirten noch andere Unterschiede zwischen der jetzigen Aussprache und der classischen, vielleicht waren die Aspiraten Verschlufslaute mit angehängtem Hauch oder mit angehängtem Reibungsgeräusch.

Rudolf von Raumer erklärt sie, ebenso wie er dies für die Sanskritaspiraten thut, für Verschlufslaute mit unentwickeltem Nachhall, unter welchem letzteren er wiederum die flüchtige Andeutung eines Reibungsgeräusches derselben Articulationsstelle versteht. Ein Reibungsgeräusch, das nicht zur Geltung kommen konnte, weil die Mundtheile nicht lange genug in der entsprechenden Lage blieben. Ich will zunächst die Frage beantworten, ob in den Aspiraten ein Verschlufslaut enthalten war. Hierfür hat Rud. v. Raumer gewichtige Gründe vorgebracht. Zunächst die uralte Schreibweise *ΠΗ* für *φ* und die in den Scholien zum Dionysius Thrax befindliche Angabe, dass früher, als man noch sechzehn Buchstaben hatte, nicht vierundzwanzig, das *ϑ* durch *τ* bezeichnet wurde, dem man das Zeichen der *δασεῖα* mitgab, um anzuzeigen, dass es wie *ϑ* zu sprechen sei; dann die lateinische Transscription *ph, th, ch*, weiter dass nicht *φφ*, *ϑϑ* und *χχ*, sondern *πφ*, *τϑ* und *κχ* geschrieben wurde: *Βάκχος*, *Ἀτϑίς* *Σαπφώ*, dass sich auf der *Crissaea* *ἄπϑιτος* für *ἄφϑιτος* findet u. s. w., aufserdem verschiedene sprachwissenschaftliche Gründe, die zum Theil mit seinen Ansichten über die Sanskritaspiraten zusammenhängen, und die ich hier nicht näher auseinandersetzen will, da wohl über die Thatsache selbst ohnehin kein Zweifel mehr erhoben werden wird.

Eine andere Frage ist es, wie lange der Verschlufslaut bestehen blieb, wann er verloren ging; denn das Neugriechische kennt ihn nicht mehr. Diese Frage zu entscheiden, halte ich für sehr schwierig. Dialectische und individuelle Unterschiede haben hier einen weiten Spielraum. In *pferd, pflug, pfahl, pfeil* ist der Verschlufslaut der rechtmäfsigen Aussprache nach unzweifelhaft erhalten: in meiner Kindheit aber wurde er an der deutschen Ostseeküste so wenig gebildet, dass wir erlernen mussten, welche Wörter im Anlaute mit *pf* und welche mit *f* zu schreiben sind: man gab uns die praktische Regel, in zweifelhaften Fällen die plattdeutsche Form zu bilden; lautete sie mit *p* an, so war *pf* zu schreiben, lautete sie mit *f* an, so war einfaches *f* zu schreiben. Im englischen *th* glaubt der Deutsche häufig einen Verschlufslaut zu hören, wie die unglückliche Bezeichnung *ds* zeigt, welche unsere älteren Grammatiken und Wörterbücher aufweisen. Dieser Verschlufs wird auch manchmal thatsächlich gebildet, obgleich er der Regel nach nicht gebildet werden soll. In ähnlicher Weise wechseln *kχ* und *χ* mit einander ab. Wer die toscanischen Städte bereist, der wird für *c* vor *a*, *o* und *u* bald *kχ*, bald *χ* hören, und doch ist der rechtmäfsige Laut *k*, und die Leute, die diesen anscheinend groben Fehler machen, sprechen das auserlesenste Italienisch, das auf der ganzen Halbinsel gefunden wird.

Ich glaube indessen doch einige Anhaltspuncte geben zu können. Rud. von Raumer führt selbst ein Zeugnis aus den Scholien zum Dionysius Thrax an (Gesammelte Abhandlungen S. 102 und 103), aus dem er schliefsen zu können glaubt, dass *φ*, *ϑ*, *χ* schon vor dem Jahre 730 wesentlich denselben Laut hatten, wie jetzt im Neugriechischen. Auch das etwas ältere Zeugnis des Priscian (520 p. Ch. n.), *Lib. I. De numero literarum apud veteres*, dass der einzige Unterschied zwischen *f* und *φ* darin liege, dass ersteres *non tam fixis labris* gesprochen werde, deutet er, wie mir scheint mit Recht, so, dass hier kein Lippenverschlufs mehr gemeint sei; denn sonst würde Priscian wohl nicht *tam fixis labris*, sondern einfach *fixis labris* gesagt haben. Auch würde er schwerlich unterlassen haben, des ihm wohlbekannten und geläufigen *p*-Lautes zu erwähnen, wenn er noch hörbar gewesen wäre. Das *non tam fixis labris* erklärt sich einfach daraus, dass beim labiodentalen *f* die Lippen nicht so fest gestellt zu sein brauchen und auch in der Regel nicht so fest gestellt sind, wie beim labialen *φ*, dem f^1 unserer Bezeichnung.

Auch Sextus Empiricus, der gegen das Ende des zweiten Jahrhunderts unserer Zeitrechnung schrieb, trennt die Aspiraten, wie wir gesehen haben, von den Verschlusslauten (*ἄφωνα*) und stellt sie zu den Continuis (*ἡμίφωνα*).

Für die Zeit des Beginnes der griechischen Cultur in Rom nimmt von Raumer an, dass das *φ* schon Reibungsgeräusch war, aber *ϑ* und *χ* wesentlich noch Verschlusslaute, weil in damals herübergenommenen Wörtern das *φ* in der Aussprache in *f* übergegangen sei, aber *ϑ* in *t* und *χ* in *c*. Er führt an *Tale* (*Θαλῆς*), *coro* (*χορός*), *filosofia* (*φιλοσοφία*).

Man muss wohl bedenken, dass der Römer kein s^4 hatte, so wenig wie der Italiener ein solches hat, und dass der Römer vom Hause aus auch kein *χ* hatte, und dass der moderne Italiener das *χ*, das er in Toscana spricht, noch heute mit c schreibt.

Überdies hat im alten Rom, man kann nicht bestimmt sagen von welcher Zeit an und bis wann (vgl. Quintilian inst. or. I. 5. 20), die Aussprache des *c* in ähnlicher Weise geschwankt, wie sie heutzutage in Toscana schwankt. Cicero sagt im Redner (vergl. B. Fabri Sorani thes. *H.*): *Ego ipse cum scirem, ita majores locutos esse, ut nusquam nisi in vocali aspiratione uterentur, loquebar sic, ut pulcros, Cartaginem, sepulcra, lacrymas dicerem.* Es scheint mir nicht wohl annehmbar, dass mit der Aspiration hier ein *h* gemeint sei, dass man *pulkhros* gesprochen habe; es scheint vielmehr im Alterthume die Vorstellung geherrscht zu haben, dass sich das Reibungsgeräusch zu dem correspondirenden Verschlusslaute als Aspiration verhalte, wie das *h* sich zu den Vocalen als Aspiration verhält. Ich habe deswegen auch keinen Grund, aus dem Ausdrucke Quintilian's: *Nam contra Graeci aspirare solent* (Inst. or. I. 4. 14), wie dies geschehen ist, einen Schluss auf die specifische Natur der griechischen Aspiraten zu machen.

Das späteste Zeugnis, welches, wenn man volles Vertrauen in die Schärfe des Ausdruckes und der Beobachtung setzt, direct für das Nochvorhandensein des Verschlufslautes spricht, ist indessen etwas jünger, es fällt wenig vor den Anfang unserer jetzigen Zeitrechnung. Es ist eine Stelle des Dionysius von Halicarnassos, in der es ausdrücklich heifst, beim *π*, *β* und *φ* durchbreche der herausgestofsene Hauch die Fessel der zusammengedrückten Lippen. Sie lautet: *τρία μὲν ἀπὸ τῶν χειλέων, τὸ π καὶ τὸ φ καὶ τὸ β, ὅταν τοῦ στόματος πιεσθέντος τὸ προβαλλόμενον ἐκ τῆς ἀρτηρίας πνεῦμα λύσῃ τὸν δεσμὸν αὐτοῦ.*

Viel früher, ja in sehr früher Zeit, mag wohl in einzelnen Dialecten der Verschlufs geschwunden sein. Es liegt anscheinend nahe, hierfür das äolische *φὴρ* für *θὴρ* als Beleg anzuführen; denn es ist bekannt, dass s^1 leicht in *f* übergeht. Hierfür existiren zahlreiche Beispiele. Allgemein bekannt ist es, dass griechische Namen mit *θ* in russische mit *f* übergegangen sind, wie *Theodor* in *Feodor*. Rumpelt (System der natürlichen Sprachlaute, Halle 1869, p. 76) erwähnt ferner auf Angaben von Ross (Wanderungen in Griechenland I. p. 22. 32) gestützt, dass Nebenformen mit *φ* in Griechenland neben correcten Formen mit *θ* häufig vorkommen, so *Φήβα* (gesprochen *fiwa*) für *Θήβα*. Rumpelt verweist ferner auf die englische Volkssprache und citirt nach Dickens *nuffin* und *nuffing* für *nothing*.

Das äolische *φ* für *θ* ist indessen für unseren Gegenstand von keiner Bedeutung. Es giebt ein Stadium der Entwicklung, in dem in den Sprachen selbst die Articulation der Verschlufslaute noch nicht fest steht (vergl. darüber Max Müller's Lectures Ser. II. p. 167 ff.). Der äolische Dialect konnte sich bereits in diesem frühen Stadium abgetrennt haben, und so scheint es in der That zu sein, indem, wie schon Max Müller erwähnt, *πίσυρες* (ferner auch *πέσυρες* und *πέσσυρες*) für *τέσσαρες* vorkommt. Wo *p* für *t* eintrat, konnte auch p^1f^1 für t^1s^1 eintreten.

Aber nicht allein in einem einzelnen Dialecte, nein, ganz allgemein musste der Verschlufs verschwunden sein in gewissen Verbindungen, die in zahlreichen und häufig gebrauchten Wörtern vorkommen. Man versuche z. B. *φθίσις* zu sprechen $p^1f^1t^4s^4iz^1is$. Kann man glauben, dass die Sprache eines feinfühligen und hochgebildeten Volkes einen solchen Spucklaut conservirt habe? Man versuche *ἐχθρός* zu sprechen $ek^1\chi^1t^4s^4ros^1$; man wird eine solche Aussprache gleich unwahrscheinlich finden. Aber vielleicht passt hier die dem Sanskrit entlehnte Aspirations-Theorie?

Man versuche es einmal mit $p^1ht^4hiz^1is$ und *ekhthroς*. Vielleicht wird man sagen: Hier bewährt sich eben von Raumer's Theorie vom unentwickelten Nachhall. Man versuche es mit demselben: von Raumer's Theorie ist in sehr einnehmender Weise auseinandergesetzt, aber man versuche sie anzuwenden. Man wird *ptizis*, *pftizis* oder pt^4s^4izis sprechen, *ektros ekχtros* oder ekt^4s^4ros. Die neugriechische Aussprache ist $f^2s^4iz^1is$ und $e\chi^1s^4ros$. Liegt ein ernstlicher Grund gegen die Annahme vor, dass sie, abgesehen von der Articulation des *f.* vor 2000 Jahren keine andere war? Und wenn man annimmt, dass sie eine andere war, so wird man auf Aussprachen wie $f^1t^1s^4isis$ oder $p^1f^1s^4sis$ und $e\chi^1t^4s^4ros$ geführt, wenn man die Aspiraten nicht geradezu aufopfern und ihnen die entsprechenden Tenues substituiren will.

Wenn nun in solchen Combinationen der Verschlufs an einer oder an beiden Aspiraten schon frühzeitig verschwunden war, konnte dies nicht auch in anderen geschehen? Welche Gewähr haben wir dafür, dass er in der classischen Zeit in der Umgangssprache überhaupt noch in grosser Ausdehnung existirte? Dass er nicht vielmehr Gegenstand der Tradition und der emphatischen Rede war? Vielleicht nicht einmal der letzteren, vielleicht war die Beschreibung des Dionysius von Halikarnassos mehr der hergebrachten Meinung von den Aspiraten als der Beobachtung des wirklichen Sprachgebrauches entnommen, vielleicht hatte er auch, wie dies manchmal geschieht, blos den Anlaut berücksichtigt, wo sich der Verschlufs erhalten haben mochte, während er anderswo schon geschwunden war.

In der aristotelischen Schrift *περὶ ἀκουστῶν* findet sich

folgende Stelle c. d. Ac. Bor. 804 B. 8): *Δασεῖαι δ' εἰσι τῶν φωνῶν ὅσαις ἔσωθεν τὸ πνεῦμα εὐθέως συμβάλλομεν μετὰ τῶν φθόγγων, ψιλαὶ δ' εἰσὶ τοὐναντίον ὅσαι γίγνονται χωρὶς τῆς τοῦ πνεύματος ἐκβολῆς.* Nun folgt eine Auseinandersetzung darüber, dass der Laut abgebrochen wird, wenn die Luft nicht heraus kann u. s. w.

Ich weiſs nicht, ob die Kritik die besagte Schrift dem Aristoteles selbst zuschreibt, oder welches Alter sie ihr zuzusprechen geneigt ist, aber so viel scheint mir klar zu sein, dass zu jener Zeit, als diese Stelle geschrieben wurde, vom Verschluſs in den Aspiraten nicht viel mehr zu spüren war, denn sonst hätte der Verfasser den Gegensatz zwischen *δασεῖαι* und *ψιλαὶ τῶν φωνῶν* nicht in solcher Weise entwickeln können, wie er es that.

Ich habe noch einige Worte über die Anwendung der Theorie vom unentwickelten Nachhall auf die griechischen Aspiraten zu sagen. Ich muss hier auf das zurückweisen, was schon bei Gelegenheit der Sanskritaspiraten gesagt wurde. Ich muss in Erinnerung bringen, dass deutsch *z* und deutsch *pf* keine allgemein richtige Vorstellung geben von der Natur der in Rede stehenden Doppellaute, weil sich gerade bei ihnen das Reibungsgeräusch vom Verschluſslaute deutlicher ablöst.

$p^1 f^1$ und $t^1 s^1$ sind dem deutschen Munde nicht geläufig, eher noch $k\chi$: man versuche nun hier, wo es noch am leichtesten gelingen müsste, den unentwickelten Nachhall im Contexte hervorzubringen, man wird bemerken, dass es nicht geht, dass man entweder *ka*, nach deutscher Weise gesprochen, oder $k\chi a$ sagt.

Ich kann mir einen Zustand denken, und dieser existirt thatsächlich in Toscana, bei dem der Eine *ka* sagt, der Zweite $k\chi a$ und der Dritte χa, oder bei dem die Aussprache wechselt nach den Verbindungen, in denen der Consonant vorkommt; aber ich kann keinen Zustand voraussetzen, wo die Leute in der Regel einen Zwischenlaut zwischen *ka* und $k\chi a$ sprachen, namentlich kann ich nicht annehmen, dass dieser Zustand Jahrhunderte lang gedauert habe[32]) und in die Zeit zwischen den Perserkriegen und dem Beginne unserer Zeitrechnung gefallen sei, wo der Verschlufslaut der Aspiraten theils schon geschwunden war, theils sein Schwinden bevorstand und bald ausnahmslos[33]) die nackten Reibungsgeräusche übrig bleiben sollten.

Ich habe bei den Sanskritaspiraten noch auf die Möglichkeit aufmerksam gemacht, dass bei ihnen die Stimmritze zum *h* verengt war und hierdurch die Verbindung hergestellt zwischen der Aussprache als Verschlufslaut mit angehängtem Reibungsgeräusch und der jetzt herrschenden Aussprache als Tenuis mit nachfolgendem *h*. Es mag sein, dass dies auch auf die griechischen Aspiraten anwendbar ist, oder in einer früheren Zeit anwendbar war; aber es ist doch zweifelhaft, ob selbst in den frühesten Zeiten griechischer Zunge und griechischer Schrift die griechischen Aspiraten jemals als Tenues mit nachfolgendem deutlichen *h* ausgesprochen wurden, wie dies schon Priscian (l. c.) zu glauben scheint.

Die Möglichkeit ist nicht in Abrede zu stellen; aber alte Schriftweise und Transscription, das Übergehen der Tenuis in die Aspirata vor dem Spiritus asper u. s. w. scheint mir hierfür doch keinen sicheren Anhalt zu geben. Wenn man Möglichkeiten in Betracht zieht, so muss man auch die in Betracht ziehen, dass es vielleicht ursprünglich zwei Arten tonloser Verschlufslaute gab, von denen die einen den aus verschlossener Stimmritze anlautenden knappen Tenues der Ungarn, Slaven und Romanen, die andern den aus offener Stimmritze angesprochenen Tenues der Deutschen mit ihrem zögernden Vocaleinsatze entsprachen, und

---

32) Vergl. R. v. Raumer gesammelte Abhandlungen, p. 404.

33) Dieses „ausnahmslos" muss insofern eingeschränkt werden, als man von Griechen bisweilen noch heutzutage im Anlaute *kχ* für *χ* und *t'* oder *t's'* für *s'* hört; aber diese Aussprache wird nicht als richtig anerkannt, so wenig wie es der Engländer für richtig anerkennt, wenn sein *th* als *t's'* statt als *s'* oder als *d'z'* statt als *z'* gesprochen wird.

dass die letzteren später in Reibungsgeräusche übergingen, während die ersteren Verschlufslaute blieben. Eine Hypothese in diesem Sinne würde den Vortheil haben, dass sie die Aussprache der Aspiraten zu der Zeit, wo sie noch nicht blofse Reibungsgeräusche waren, auch leicht verständlich erscheinen lässt für Wörter wie ἐχθρός, φθίσις u. s. w., wo sie sonst wesentliche Schwierigkeiten bietet.

Das φθ in φθίσις würde dann so gesprochen worden sein, wie man deutsche Schulknaben, die eben anfangen Griechisch zu lernen, anlautendes πτ aussprechen hört.

X. Abschnitt.

Systematik der Sprachlaute bei den Arabern.

Das Lautsystem der Araber ist tief durchgebildet, aber für den Abendländer auf den ersten Anblick schwer verständlich. Ich hoffe jedoch, dass es mir gelingen wird, auch den Nichtorientalisten eine Vorstellung von der Construction desselben zu verschaffen.

Die Orientalisten, oder solche, die es werden wollen, muss ich auf meine Beiträge zur Lautlehre der arabischen Sprache verweisen[34]), in denen der Gegenstand mit gröfserer Ausführlichkeit behandelt ist. Die Aussprache, welcher ich folge, ist die meines jüngst verstorbenen Lehrers, Professor Anton Hassan aus Kairo, eines ägyptischen Arabers. Wenn ich von anderen Aussprachen spreche, so geschieht dies nur auf Grund fremder Zeugnisse.

Der erste Schritt zum Verständnisse ist, zu bemerken,

---

34) Sitzungsberichte der philosophisch-historischen Classe der Wiener Akademie der Wissenschaften. Bd. XXXIV S. 307. im Sonderabdruck Wien bei Carl Gerold's Sohn, 1860.

dass die Vocalzeichen *Fatha* ا́ (*a*), *Kesre* اِ (*i*) und *Da°mma* اُ [35]) (*u*) im Sinne der Araber etwas ganz anderes sind als unsere Vocalzeichen. Die letzteren bezeichnen die Stellung, in der der Vocal tönt, die ersteren aber den Übergang in diese Stellung, darum heifst auch der Vocal bei den Arabern Bewegung. Aufserdem aber existiren drei Buchstaben, welche im Sinne unserer abendländischen Bezeichnungsweise denselben drei Vocalen entsprechen, nämlich *Alif* ا (*a*), *Ye* ى (*i*) und *Wau* و (*u*). Diese Vocalzeichen waren die älteren und ihre Stellung im System ist durch die Einführung der neuen einigermafsen verändert worden.

Ye macht mit *Fatha* des vorhergehenden Consonanten den Diphthong *ai*, ebenso mit *Kesre* langes *i*; es thut also hier seinen Dienst als Vocal, dagegen dient es gerade so wie das englische *Wy* auch als Consonant, wovon der Grund leicht einzusehen ist, wenn man sich an das erinnert, was über die Grenzlaute *i* und y^1 und *u* und w^1 gesagt ist. Es bekommt dann wieder sein eigenes Vocalzeichen und erzeugt mit ihm *ya*, *yi*, *yu*.

Ebenso bildet das *Wau* mit vorhergehendem *Fatha* den Diphthong *au*, mit *Da°mma* langes *u*; es ist also hier durchaus Vocal. Aufserdem aber dient es wie das englische *double U* auch als Consonant, was wiederum nach dem früher auseinandergesetzten nicht auffallen kann, da die Stellung für das *u* der für das w^1 sehr ähnlich ist, wie die Stellung für das *i* der für das y^1 (*I consona*).

Beim *Alif* (*a*) ist der ganze Mundcanal weit geöffnet; hier ist keine Enge, die in irgend einer Verbindung einen Consonanten hervorbringen könnte; da aber *Ye* und *Wau* einmal unter den Consonanten eingereiht sind, und man nur noch die Bewegungszeichen Vocale nennt, so wird *Alif* mit unter die Consonanten gerechnet, obgleich dies durch

35) Der senkrechte Strich, das Zeichen des Alif, ersten Buchstaben des Alphabets, vertritt hier die Stelle des Consonantenzeichens, um die Stellung des Vocalzeichens zu demselben ersichtlich zu machen.

die Natur des Lautes, für den das Zeichen steht, nach unseren Begriffen keineswegs gerechtfertigt ist.

Man könnte sagen, das sogenannte consonantische *Alif* sei der tönende Laut zu unserem *h*, das auch nicht mit unter die Consonanten gehört; denn während dieses halb offene Stimmritze bei vocalisch offenem Mundcanal bezeichnet, bedeutet jenes zum Tönen verengte Stimmritze bei vocalisch offenem Mundcanal. Es muss hier bemerkt werden, dass die Begriffe Vocal und Consonant überhaupt erst von den abendländischen Sprachforschern in die arabische Grammatik hineingetragen sind. Der Araber kennt nur Bewegungszeichen (*Fatha*, *Kesre* und *Da°mma*) und Sprachelemente, welche bewegt werden oder ruhen. Zu ihnen gehören *Alif*, *Ye* und *Wau*, ganz ohne Unterschied der Verbindung, in welcher sie vorkommen.

i, *a* und *u* sind also im Wesentlichen die Laute, sowohl der ruhenden, als der Bewegungsvocale; die Zwischenlaute werden im allgemeinen nicht durch neue Zeichen ausgedrückt, sondern durch das Zeichen des ihnen zunächst stehenden, d. h. ihnen am nächsten verwandten, der drei Bewegungsvocale (*Fatha* für *a*, *a°*, *o^a*, *a^e*, *e^a* und *e*. *Kesre* für *i* und *e* und *Da°mma* für *o* und *u*), und der dazu gehörige Consonant ist es, welcher den Leser über den jeweiligen Lautwerth des Vocalzeichens, wo dies überhaupt durch die Schrift geschieht, belehrt. Hierin trägt die arabische Schrift noch die Spuren des Syllabischen an sich; denn syllabisch war sie bis zur Einführung der Bewegungszeichen, da bis dahin das Consonantenzeichen nicht nur für den Consonanten, sondern auch für den damit zur Sylbe verbundenen Vocal stand. Wir dürfen uns deshalb auch nicht wundern, wenn wir bisweilen zwei verschiedene Buchstaben finden, deren Laute sich in den wesentlichen Stücken, die ihre Stellung im System bedingen, völlig gleichen, und nur durch die Manier der Articulation und die Wirkung auf den Lautwerth des dazu gehörigen Vocalzeichens verschieden sind.

Der zweite Punct, den wir zunächst zu beachten haben, ist der, dass die Araber drei Consonanten besitzen, welche wir nicht als solche in unser System aufgenommen haben, nämlich ح *Ha*, das ist das im zweiten Abschnitt beschriebene heisere, geräuschvoll hervorgestofsene *h*, *He* ه, ein leicht gehauchtes *h*, wie im französischen *hameau* oder im deutschen *Halle*, und *Ain* ع, welches ebenfalls im zweiten Abschnitte beschrieben worden ist.

Die übrigen einfachen Consonanten sind folgende:

Verschlufslaute.

ب *Ba* (*b'*).

ت *Ta* und ط *Ta°*; beide entsprechen dem *t'*, was die Lage der Zunge anbelangt; aber das ت ist ein *t'*, das aus offener Stimmritze angesprochen wird, das ط ein *t'*, das aus geschlossener Stimmritze angesprochen wird. Es ist deshalb höchst unrichtig in linguistischen Büchern das ط, wie es häufig geschehen ist, als *Tha* zu benennen, und wenn ich dies in der ersten Auflage selbst gethan habe, so geschah es nur, weil ich, wie ich dies ausdrücklich gesagt habe, alle arabischen Buchstaben nach de Sacy benannte. Der zweite Unterschied beider Laute liegt in der Wirkung auf den Vocal. Dieselbe ist eine doppelte: erstens bezieht sie sich auf den Lautwerth, den man dem zugehörigen Vocalzeichen giebt, als solchen und zweitens auf den Ton der Stimme, mit dem der Vocal hervorgebracht wird. Was den ersteren Punct anbelangt, so gehört für *Fatha* das Gebiet von *e* bis *a* unserer Bezeichnung dem ت, während das ط die Aussprache *a°* bedingt. طال, *procerus fuit*, lautet ganz ähnlich wie das englische *ta'l*, langleibig, nur ist die Aussprache weniger schleppend und das *t* kräftiger, weil es aus geschlossener, nicht aus offener Stimmritze angesprochen wird. *Kesre* hat mit ط den Laut von *i*", kann aber auch, wenn es durch ein nachfolgendes ی verlängert wird, wo es mit ت den Laut eines langen hellen *i* geben würde, in ein dumpfes langes *e* übergehen. *Da°mma* behält seinen Laut als *u*, aber mit dumpfer Resonanz, so dass es sich von einem dumpfen *o* weniger unterscheidet als ein helles *u*. Mein Lehrer schrieb seinen Taufnamen *Anton* mit ط; er konnte ihn nicht mit ت schreiben, weil er sonst *antūn* gelautet haben würde. Wo kein solcher Grund vorliegt, pflegen die Araber das deutsche *t* nicht durch ط sondern durch ت wiederzugeben.

Was den Ton anlangt, mit dem der Vocal hervorgebracht wird, so ist er beim ط durchdringender, mehr metallisch. Es hängt dies schon damit zusammen, dass letzteres aus geschlossener Stimmritze angesprochen wird. Manchmal aber erscheint er uns geradezu forcirt, so als ob Jemand durch Veränderung im Timbre, ohne zu schreien, seiner Sprache mehr Tragweite geben wollte. Es ist dies eine Veränderung, die wahrscheinlich durch Aneinanderpressen der Giessbeckenknorpel hervorgebracht wird, und die ich den verhärteten Klang der Stimme genannt habe. Siehe darüber meine N. M. d. phonetischen Transscription, S. 20 und 21.

Nach Wallin kommen hier auffällige dialectische Verschiedenheiten vor. Er bezeichnet den Ton der Beduinen als rauh, hart, gleichsam geschlossen, den der Ägypter als mehr dumpf und dick.

Beim Flüstern ist es nach arabischen Orthoepisten schwer, nach einigen unmöglich die Consonanten ت und ط von einander zu unterscheiden; begreiflich deshalb, weil hier der Ton der Stimme durch ein verhältnismäſsig schwaches Geräusch ersetzt wird, und so die wesentlichen akustischen Merkmale undeutlich werden. Diese Bemerkung der arabischen Orthoepisten zeigt zugleich wiederum, wie sehr diejenigen abendländischen Sprachforscher im Irrthume sind, welche immer noch aus den sogenannten arabischen Lingualen eine Consonantenabtheilung von eigenartiger Articulation machen wollen. Letztere müsste sich beim Flüstern ebensosehr, ja vielleicht noch deutlicher, geltend machen, als in der lauten Sprache.

د *Dal* und ض *D*$\bar{a}^{o}$*d*, entsprechen beide dem d^1, د wird auch dental, also als d^4 gebildet, ض aber so viel mir bekannt ist nicht, obgleich es ohne wesentliche Schädigung des Lautwerthes auch geschehen könnte. Beide unterscheiden sich durch den Lautwerth, den sie dem Vocal ertheilen, und durch den Ton der Stimme von einander.

Fatha hat mit ض den Laut des a^o, während es mit د zwischen *a* und *e* schwankt.

Kesre hat mit ض den Laut eines dumpfen i^u, nicht den eines hellen *i*, wie mit د. *Damma*, das bei د seinen gewöhnlichen *U*-Laut erhält, klingt in den mir gegenwärtigen Beispielen mit ض wie ein dumpfes *o*, wenn der Vocal durch nachfolgendes و lang wird, wie dumpfes *u*.

Den Klang der Stimme beim ض habe ich in meiner Abhandlung über phonetische Transscription (S. 21 und 22) unter dem Namen des „vertieften" beschrieben, und ich habe dort und in meinen Beiträgen zur Lautlehre der arabischen Sprache S. 10 und 11 die verschiedenen Wege angedeutet, auf denen man lernen kann ihn hervorzubringen, wenn man keine Gelegenheit hat ihn zu hören. Bei der Hervorbringung dieses vertieften Klanges steht der Kehlkopf tiefer als beim Aussprechen des د, und der Ton der Stimme ist tiefer als der gewöhnliche Sprechton, dabei aber meist nicht dumpf, sondern noch kräftig und metallisch. Nicht der Consonant allein, sondern auch der dazu gehörige Vocal lässt ihn so hören, manchmal auch der dem ض zunächst vorhergehende.

Aber nicht blos durch die Qualität des Tones zeichnet sich das ض vor dem د aus, sondern auch durch die Dauer desselben. Wir haben bei Gelegenheit der Medien vom sogenannten Purkiňe'schen Blählaut gesprochen. Dieser kommt dem ض in hervorragendem Maſse zu, während er beim د nicht stärker hervortritt als beim deutschen *d*.

Die Luft wird deutlich tönend in den durch das Herabtreten des Kehlkopfs erweiterten Kehlraum gedrängt. Auch im Auslaute ist dies sehr deutlich, noch deutlicher als es im Englischen in *head* und *hand* ist[36]. Nur wenn auslautendem ض ein vocalloser Consonant vorhergeht, der den Ton der Stimme nicht hat, also nach unserer Bezeichnung tonlos ist, so verschwindet auch der Ton der auslautenden Media und das ض wird wie t^1 ausgesprochen.

Schlieſslich muss ich noch bemerken, dass das ض vielfältig dialectisch in ein Reibungsgeräusch übergeführt und dann bald als z^1, bald als z^4 gebildet wird. Nach Professor Hassan geschicht dies auch in Kairo in gewissen Wörtern, und er hielt in einigen derselben die Aussprache des ض als z^1 für die rechtmäſsige. Der Ton der Stimme ist auch hier vertieft.

ك *K¹a°f* und ق *K³ā°f* entsprechen vorderem und hinterem *k*, aber das ك wird aus offener, das ق aus geschlossener Stimmritze angesprochen. In der Volksaussprache von Kairo lautet ق wie *Hamze*, das heiſst, es ist der Verschluſs in der Mundhöhle weggefallen. Von einem sehr groſsen Theile der Araber wird das ق jetzt tönend,

---

[36]) Ich habe in der ersten Auflage auch bei anderen sogenannten emphatischen Consonanten Werth auf die längere Dauer des Verschluſses oder auf die längere Dauer des Reibungsgeräusches gelegt, muss dies aber nach näherer Bekanntschaft mit der arabischen Sprache zurücknehmen. Diese längere Dauer ist nicht constant, und mehr von dem jeweiligen Pathos des Sprechenden oder Lesenden als von der Natur des Sprachlautes abhängig.

also wie g^3 ausgesprochen, während das ك in Syrien dialectisch als $t[s\chi]$ gehört wird, also die regelmäfsige Assibilation erlitten hat. ك und ق geben den Vocalen verschiedenen Lautwerth, was sich hier schon aus der verschiedenen Articulation beider ergiebt.

Wenn man ق am richtigen Orte bildet und die Vocale zwanglos als *a*, *i* und *u* auszusprechen sucht, so bekommen sie schon ihren richtigen Laut. Mit ك behalten *Damma* und *Kesre* ihren gewöhnlichen Laut, *Fatha* geht vielfältig in e^a oder a^e über.

Gim ج entspricht nach der ägyptischen Aussprache unserem *g*, und dieser Lautwerth ist auch nach alten Transscriptionen, deren de Sacy erwähnt, der ursprüngliche. Jetzt wird es in Arabien selbst wie $d^1[z^1y^2]$ gesprochen, hat also dieselbe Lautwandlung erlitten wie das *g* beim Übergange aus dem Lateinischen in das Italienische: *generosus* = *generoso*.

Reibungsgeräusche.

ف *Fa* entspricht dem f^2.

س *Sin* und ص *So^ad* entsprechen beide dem s^1. Das ص unterscheidet sich vom س durch den Lautwerth, den es dem Vocalzeichen ertheilt. Das *Fatha* hat, gleichviel ob ein *Alif* folgt oder nicht, niemals den Laut des reinen hellen *a*, sondern den von a^o oder o^a. Wenn es mit ى Diphthong bildet, so lautet derselbe wie dumpfes a^e, das sich schon dem a^{oe} nähert. Das *Kesre* nimmt den Laut des i^u an, und *Da^omma*, beziehungsweise nachfolgendes و, erhält die unvollkommene Bildung, wodurch sein Laut vom *o* oft weniger gut als das vollkommen gebildete *u* zu unterscheiden ist. So finden wir den Namen *Almansur* häufig genug *Almansor* geschrieben, zum Zeichen, dass europäische Ohren hier ein *o* hörten.

An und für sich, und abgesehen vom Vocal, ist das ص dem س äusserst ähnlich; nur ist sein Laut in der Regel etwas rauschender, und zwar aus folgendem Grunde: Wenn man ein *s*[1] continuirlich hervorbringt und dabei die Stellung der Kiefer und der Lippen verändert, so wird man bemerken, dass dies einen Einfluss auf den Laut hat. Nähert man die Kiefer und zieht die Lippen in die Breite, wie zum hellen *e* und *i*, so wird das Zischen hell und scharf, aber nicht rauschend. Verengert man den Mund und schiebt die Lippen vor, wie beim hellen *u*, so wird der Zischlaut geschwächt, indem die Ausflufsöffnung für den Luftstrom verkleinert wird. Entfernen wir die Kiefer weit von einander, wie beim hellen *a*, so verliert der Zischlaut an Intensität, weil nun die Reibung des Luftstroms an den Zähnen verringert wird. Nähern wir dagegen die Kiefer einigermafsen einander, und schieben die einander nicht genäherten Lippen etwas nach vorn, etwa so wie man es bei Bafssängern so häufig im Momente der Intonation sieht, so bekommt der Zischlaut etwas Rauschendes, d. h. den Laut des rauschenden, weniger dünn und fein zischenden *s*, nicht den des [*sχ*].

So hört man ihn im ص. Nun ist aber jene Stellung der Lippen gerade auch die passende für die Hervorbringung jener dumpfen oder, wie es nach der Ausdrucksweise der Araber heifst, dicken Vocale, mit denen sich ص verbindet, so dass man bei der Aussprache entweder sowohl dem Vocale als dem Consonanten seinen richtigen Lautwerth giebt, oder beide mit einander verfehlt.

Auch der Ton der Stimme, mit dem der Vocal hervorgebracht wird, erscheint beim ص meist rauher als beim س, was zum Theil mit dem veränderten Lautwerthe des Vocales zusammenhängt. Dass übrigens ص kein dem Orientalen eigenthümlicher Laut ist, zeigt sich am besten darin, dass das *s* des Abendländers bald durch س und bald durch ص ausgedrückt wird, ja für ein und dasselbe Wort die Transscription zwischen beiden Buchstaben wechselt. Es giebt übrigens rein arabische Wörter, für die anerkanntermafsen der Unterschied von ص und س nicht gewahrt wird, indem das darin enthaltene ص wie س lautet.

ز *Za* oder *Zē*^{a}*n* und ظ *Za"* entsprechen beide dem z^1 und unterscheiden sich wie *Sin* und *So"d*. ز ist der tönende Laut zu *Sin*, das ظ ist der tönende Laut zu *So"d*. ظ wird aber auch als z^4 gebildet, und verhält sich dann zu dem gleichfalls z^4 lautenden ذ *Z*^{4}*al* wieder wie ص zu س. Nach Prof. Ant. Hassan ist die Bildung als z^1 und als z^4 nicht blos dialectisch verschieden, sondern es giebt gewisse Wörter, in denen man z^1, und andere, in denen man z^4 zu sprechen hat.

ظ, das in seiner gewöhnlichen Aussprache tönendes Reibungsgeräusch zum Verschlufslaut ض ist, wird unter Umständen auch selbst als Verschlufslaut gesprochen, als d^1, und dann unterscheidet es sich in Nichts vom ض. Aus diesen Zusammenstellungen ergiebt sich schon alles, was sonst noch über Vocalinfluenz und Stimmton des ظ zu sagen wäre.

ث *S*^{4}*a* und ذ *Z*^{4}*al* entsprechen dem s^4 und z^4, also dem harten und dem weichen *th* der Engländer.

Consonanten anderer Abtheilungen.

ل *Lam* entspricht unserem *l*, also in der Regel dem l^1. In dem Worte *allah*, Gott, ist es emphatisch, das heifst, es wirkt auf das *a* nach Art der Buchstaben ح خ ع غ ص ض ط ظ ق, welche die sogenannte dicke Aussprache der

Vocale mit sich bringen. Es giebt demselben hier den Laut a^o und erhält dabei selbst, und mit dem nachfolgenden Vocal, den vertieften Klang der Stimme, von dem ich beim ص gesprochen habe. Es gleicht dadurch dem ł der Polen, doch scheint mir, dass es in der Regel klingender hervorgebracht wird.

م *Mim* entspricht unserem *m* und ن *Nūn* unserem *n*, ر *Re* unserem *r* und ش *Schin* unserem *sch*.

Von ح خ ع غ und ه ist schon an verschiedenen Orten (S. 7 bis 11 und S. 88) gesprochen worden, ich muss aber hier noch einiges hinzufügen.

Im خ, das gewöhnlich von den Abendländern *Kha* genannt wird, und dem [χ^3ẓ̈] unserer Bezeichnung entspricht, ferner im غ, gewöhnlich *Ghain* genannt, das dem [y^3ϱ] unserer Bezeichnung entspricht, scheint der Zitterlaut des Zäpfchens, das *r uvulare*, in verschiedenen Gegenden sehr verschieden stark hervorzutreten, namentlich scheint dies beim غ der Fall zu sein. Man findet es in asiatischen Ortsnamen deutsch mit *g* transscribirt, das ist die einfache Transscription für y^3, für das wir kein eigenes Schriftzeichen haben; andererseits haben es die Franzosen in dem Worte *Razzia* mit *r* transscribirt. Bei den Arabern, mit denen sie in Algier in Berührung kamen, war also der Zitterlaut so stark, dass sie in dem ganzen Consonanten ihr provençalisches *R* und nichts Anderes wiederfanden.

Das *Hamze*, der Stimmritzenverschlufs, tritt im Arabischen für das Ohr stärker zu Tage, als dies in den meisten europäischen Sprachen der Fall ist. Die Araber versetzen das *Hamze* in den tiefsten Theil des Kehlkopfes, und in der That sind es auch die wahren Stimmbänder, welche zunächst, indem sie aneinander gepresst werden, den Verschlufs machen. Aufserdem beobachtete J. Czermak, dass sich auch der Kehlkopfausgang, die obere Kehlkopföffnung schlofs, indem sich der Kehldeckel gegen die falschen Stimmbänder und die Giesbeckenknorpel herablegte. Ich habe dies auch zum öfteren an ihm gesehen. Später habe ich mich indessen gleichfalls aus Kehlkopfspiegelbeobachtungen überzeugt, dass sich das *Hamze* auch mit offenem Kehlkopfausgange bilden lässt. Ich wurde darauf zuerst von Dr. Mandl aufmerksam gemacht. Der Stimmritzenverschlufs ist also das Wesentliche, der Verschlufs des Kehlkopfausganges ist eine sogenannte Mitbewegung, das heifst eine Bewegung, welche für den Zweck selbst nicht nothwendig ist, aber bei der Intention für den zweckmäfsigen Act unwillkürlich eintritt. Solche Mitbewegungen pflegen um so eher einzutreten, je kräftiger der Act intendirt wird, und je weniger man ihn in der Übung und Gewohnheit hat.

Es unterliegt übrigens wohl keinem Zweifel, dass der Verschlufs auch des Kehlkopfausganges, den Kehlkopfverschlufs festigen und sichern kann. Der Verschlufs muss in der That mitunter mit einem gewissen Kraftaufwande hergestellt werden, denn um das *Hamze* auch im Auslaute deutlich hörbar zu machen, wird beim sorgfältigen Sprechen und beim Koranlesen im Vocal der auslautenden Sylbe die Exspirationsluft, ähnlich wie dies sonst bei kurzen accentuirten Sylben zu geschehen pflegt, plötzlich stärker gedrängt, und ihr dann der Ton durch die zuklappende Stimmritze plötzlich abgeschnitten. Dieses Drängen ist so kräftig, dass dadurch der Ton der Stimme plötzlich in die Höhe geht. Deshalb heifst ein solches *Hamze* ein Erhöhungshamze.

Auch im Inlaute erscheint das *Hamze* häufig. Schneidet es einen Vocal ab, so entsteht eine vollständige Trennung, سأل lautet *sa-ăl*, und die beiden *a* sind so vollständig getrennt, als wenn wir *da aber* sagen.

إنأخذ lautet *in-a°[χ³ʒ̈]a°d*. *n* und *a* sind so getrennt, als wenn ich spreche *in Anderem*. Dem anlautenden Vocale giebt *Hamze* keinen anderen Laut als den, welchen im Deutschen alle anlautenden Vocale haben.

Die *H*-Laute ح und ه müssen im Allgemeinen immer ihren vollen Lautwerth erhalten. Es gilt dies nicht nur vom stärkeren ح, sondern auch vom schwächeren ه. Im Anlaute hat das keine Schwierigkeit, aber schon im Inlaute tritt sie für den Europäer auf. *ahl* würde der Deutsche *āl* aussprechen, weil für ihn das *h* hier nur Dehnungszeichen sein würde. Der Araber aber giebt diesem Worte, das bei ihm Haufe (*familia, tribus, turba*) heifst, eine Aussprache, die wir mit *ăχl* verwechseln könnten. Der Consonant ist aber in der That ein *h* und nicht ein *χ*. Man denke sich *āh*, die Interjection der Ungeduld und des Unwillens; dieser hängt sich das *l* unmittelbar an, wie sich das *l* dem *χ* anhängt, wenn man *Rahel* mit jüdischem Dialect *răχl* aussprechen hört.

Es giebt im Vulgärarabischen auch ein ganz stummes ه. Es ist das des Affixpronomens هُ, wo es an Wörter angehängt ist. die auf einen Consonanten (zu denen auch *Hamze* zu zählen) ausgehen. So lautet كتابه *kitābu*. Nach Vocalen wird es gehört, aber in der Vulgärsprache ohne nachfolgendes *u* z. B. lautet فيه *fīh* قتلوه *katalūh*. Das *h* muss hier dem Vocal deutlich unterscheidbar nachgehaucht werden.

Das ه am Ende der Wörter hat, wenn es mit zwei Puncten versehen ist (ة, sogenanntes weibliches *T*) mit unserem Consonanten nichts als die Form gemein. In der gelehrten Aussprache hat es den Laut eines *t*, in der Vulgärsprache ist es meist stumm, und das *Fatha* des vorhergehenden Buchstaben lautet, wenn letzterer zu denjenigen gehört, welche die dicke Aussprache der Vocale nach sich ziehen, oder wenn er mit dem Dauerzeichen (nach den bei uns gangbaren orthographischen Vorstellungen: Verdopplungszeichen) *Teschdid* versehen ist, wie *a*, sonst wie *e*; lässt man aber das *t* in der Vulgärsprache hören, so lautet die Endsylbe stets *at* nicht *et*.

Von der Mechanik des ع ist gleichfalls schon früher (S. 4) gesprochen worden.

Um sich die Aussprache einzuüben, fängt man am besten an mit ع, das mit *a* verbunden ist, nach dem Ausdrucke der Grammatiker mit ع, das von *Fatha* bewegt ist. Man spreche irgend ein Wort das mit *a* beginnt, z. B. *aber*. Hier bildet man, um den Vocal rein und scharf hervorzubrigen, den Stimmritzenverschlufs *Hamze*. Um nun dieses *Hamze* in *Ain* zu verwandeln, öffne man im Momente des Anlautes den Kehlkopf nicht sofort, sondern lasse sich die Luft anfangs gewaltsam hindurchdrängen, so dass sie dabei einen knarrenden Laut giebt, wie z. B. die Luft einen knarrenden Laut giebt, welche man zwischen den zusammengedrückten Lippen hervorpresst.

Ich finde, dass es für den Anfang eine zweckmäfsige Hilfe ist, im Momente, wo der Anlaut erfolgen soll, den Unterkiefer plötzlich nach abwärts und die Zunge nach rückwärts zu ziehen. Professor Hassan empfahl auch den Kehlkopf zwischen Daumen und Zeigefinger etwas zu pressen und nach hinten und oben zu schieben. Hat man den knarrenden Laut einmal gefunden, so bringt man ihn nachher stets mit grösster Leichtigkeit hervor und hat nur dafür zu sorgen, dass man ihn nicht zu lange aushalte, nicht länger als jede andere anlautende Continua, *r*, *l*. *s*. *f*, weil sonst eine Aussprache entsteht, die in ähnlicher Weise unrichtig und widerwärtig ist, wie es die Aussprache des *r* ist, die man oft von Taubstummen hört, welche diesem Consonanten eine zu grofse Anzahl von Vibrationen geben.

Türken und Perser sprechen das *Ain* im Allgemeinen schlecht und undeutlich aus, und doch ist es selbst dem Organ des Abendländers keineswegs so fremd, wie gewöhnlich behauptet wird. Mancher Deutsche bringt es in seiner Muttersprache unwillkürlich hervor, wenn er sein Organ anstrengt. Er will seiner Stimme Tragweite geben und drückt seine Stimmritze zu, um einen vocalischen Anlaut scharf und kräftig hervortreten zu lassen: aber noch ehe er sie wieder öffnet, drängt die unter ihr zusammengepresste Luft sich durch die Spalte in kleinen Portionen hindurch, und es wird ein *Ain* gehört.

Da das *Ain* als Kehlkopflaut gebildet wird, so hat es begreiflicherweise verschiedene Vocalresonanz je nach den Dimensionen und der Gestalt der Mundrachenhöhle, aber es lässt sich nicht unter allen Umständen gleich leicht bilden; am meisten neigt es zu *a*, *a*ᵉ, *a*ᵒᵉ, am wenigsten verträgt es sich mit hellem *u* und hellem *i*. Wenn es deshalb mit *u* verbunden ist, so trennt es sich für das Ohr von demselben durch seine Vocalresonanz. Wenn gesprochen wird عَرَبِي so ist die erste Sylbe eben so continuirlich, als wenn sie mit irgend einem anderen Consonanten anfinge, in der alten Pluralform عُرْبَان hat sie aber einen Knick, die Aussprache lautet *ăᵉŭrbᵃn*, wenn man sich mit dem *ăᵉ* den Laut des *Ain* vorstellt.

Ganz ähnlich verhält es sich vor *i*. So lauten die Zahlwörter سبعين, تسعين *sab-ăᵉin* und *tis-ăᵉin*, wo man sich zu dem *ăᵉ* wiederum den Laut des *Ain* zu denken hat.

Wenn das *Ain* eine Sylbe schliefst, so bringt es für das Ohr immer einen Knick oder doch eine Discontinuität mit sich. Es ist dies ganz natürlich, denn um das *Ain* hervorzubringen muss man die Stimmritze schliefsen und den lautenden Vocal abschneiden. Dadurch entsteht die Discontinuität. Durch denselben Process trennt sich auslautendes *Ain* von einem ihm vorhergehenden Consonanten.

Das *Ain* wird zu denjenigen Buchstaben gerechnet, die den Vocalen die dicke Aussprache geben, aber man muss hier nicht an etwas derart Charakteristisches denken, wie wir es beim ض und ظ kennen gelernt haben. Diese Consonanten mussten lediglich durch Vocalinfluenz und veränderten Stimmton von ihren nicht emphatischen Doppelgängern د, ز und beziehungsweise ذ unterschieden werden; hier haben wir es nur mit einem Laute zu thun, der durch die Art seiner Articulation der hellen oder dünnen Aussprache der Vocale mehr oder weniger abträglich ist, wie solches auch beim ح خ غ und ق der Fall ist.

Die arabischen Orthoepisten theilen ihre Consonanten ein in leise und in laute, wie de Sacy übersetzt, *lettres proférées à voix basse* und *lettres proférées à voix haute.*

Die ersteren sind: ه, ح, خ, ص, س, ش, ث, ف, ت, ك, die beiden letzten sind Explosivae, die anderen Continuae. Alle übrigen Consonanten werden zu den lauten gerechnet also auch ط und ق, obgleich im Augenblick, wo sie gebildet werden, weder die Stimme tönt, noch überhaupt die Stimmritze zum Tönen verengt ist. Die leisen Buchstaben sind, wie man sieht, alle diejenigen, bei denen ein tonloser Hauch durch die Stimmritze geht, die lauten solche, bei denen die Stimmritze entweder Ton giebt, oder temporär geschlossen ist und durch Bilden oder Lösen des Verschlufses die Stimme abschneidet oder herausplatzen lässt.

Von den lauten Consonanten sind ب, د, ج, ق, ط, als Explosivae (Verschlufslaute nach unserer Terminologie), wieder in eine Gruppe vereinigt. Das ض wird den Explosiven nicht beigezählt, wahrscheinlich weil es auch als tönendes Reibungsgeräusch gesprochen wird. Nach de Sacy nennen die Araber das ض *lettre d'extension*, während sie die fünf erwähnten Explosiven als klappernde oder klappende bezeichnen. Fünf andere der lauten Buchstaben: ع, ل, ر, م, ن bilden entsprechend den Liquidis der abendländischen Grammatiker eine zweite Gruppe. Die übrigen: غ, ظ, ز, ذ, ى, و sind tönende Reibungsgeräusche, von denen eines, غ, von einem Zitterlaut begleitet ist, während die beiden letzten, wie wir gesehen haben, zugleich Vocale (*i* und *u*) repräsentiren; zu ihnen treten noch das *Alif*, das, wie erwähnt, gar kein Consonant ist, und das *Hamze.* Das

Alif ist Zeichen für den vocalisch-offenen Mundcanal. Als Träger von *Hamze* kann es *a*, *i* oder *u* lauten, je nachdem ihm, oder eigentlich dem *Hamze*, eine *Fatha*, *Kesre* oder *Da°mma* mitgegeben ist. Im In- oder Auslaute bildet es nach einem Consonanten, der von *Fatha* bewegt ist, mit letzterem langes *a*, wie ein ى mit *Kesre* des vorhergehenden Buchstaben langes *i*, und و mit *Da°mma* des vorhergehenden Buchstaben langes *u* bildet.

Von geringem Interesse ist es für uns, dass die Araber die Explosiven, zu denen sie auch das *Hamze* rechnen, als starke, die Liquidae als mittlere, und die übrigen Consonanten als schwache Laute bezeichnen. Nur verdient es bemerkt zu werden, das ض hier wiederum bei den Schwachen steht. Wir haben es schon in der vorerwähnten Eintheilung bei den Verschlufslauten vermist. Beides hat offenbar einen gemeinsamen Grund, nämlich den, dass die Orthoepisten die Aussprache des ض als Reibungsgeräusch als z^4 oder z^1 im Auge hatten, die noch jetzt nach Wallin sehr verbreitet ist und früher vielleicht noch verbreiteter war. Auch als emphatisches ل soll das ض gesprochen worden sein und noch gesprochen werden.

Viel wichtiger für uns ist das, was sie über den Ort der Lautbildung sagen. ه, ا, ء, ح, خ, ع, غ versetzen sie in die Kehle. ق und ك versetzen sie auf zwei verschiedene Stellen der Zungenwurzel, deren Grenze sie offenbar weiter nach vorn ausdehnen, da nach unserer Art, in Vorder-, Mittel- und Hinterzunge oder Zungenwurzel zu theilen, ك noch der Mittelzunge angehören würde. Auf diese verlegen sie *Schin*, *Gim* und *Yeᵃ*. Die Bildung von *Lam* und merkwürdiger Weise auch die von *Dā°d* schreiben sie dem Zungenrande zu. Wahrscheinlich hatte der, welcher diese Eintheilung machte, die Aussprache des ض als emphatisches ل vor Augen, oder eine unilaterale Bildung, wie dergleichen noch im *Ehkili* vorkommen, bei der die Luft zwischen dem

Zungenrande und den vorderen Backzähnen, beziehungsweise dem Augenzahne einer Seite entwich.

Die Zungenspitze bildet nach ihnen ت, د und ط gegen den vorderen Theil des Gaumens; ث, ذ und ظ soll die Zungenspitze mit dem Zahnfleisch bilden, was für ث und ذ nach der jetzigen Aussprache entschieden ungenau ist, da nach dieser (s^4 und z^4), dem harten und weichen *th* der Engländer entsprechend, die Enge, welche den Laut verursacht, einerseits von der Zunge, andererseits von den Zähnen selbst gebildet sein muss. Noch wird angeführt, dass *Sin* und *Saᵒd* mit frei schwebender Zungenspitze (dem s^1 entsprechend) gebildet werden, *Nūn* mit gebundener.

Die Lippen haben zwei Articulationsstellen, eine für *Mim*, *Ba* und *Wau*, die andere für *Fa* (f^2).

Alles dies ist ohne weitere Erklärung verständlich, und es erübrigt nur noch ein allgemeiner Rückblick auf das Lautsystem des Arabischen. Die Zahl der demselben angehörigen Vocallaute kann ich nicht mit Sicherheit angeben, und es möchte dies wohl der vielen Übergänge halber auch für einen besseren Kenner der Sprache selbst Schwierigkeiten haben. Es ist mir erschienen, als ob bei denselben nicht allein der Vocallaut und sein Timbre variire, sondern selbst die Tonhöhe innerhalb weiterer Grenzen schwanke, als dies in den meisten abendländischen Sprachen der Fall ist. Aufser allem Zweifel ist dies für das Koranlesen, einem für uns Abendländer höchst merkwürdigen Mitteldinge zwischen Sprache und Gesang.

Was die Consonanten anbelangt, so finden wir, abgesehen von den Kehlkopflauten *Ha*, *He*, *Ain* und *Hamze*, als einfache Elemente die Verschlufslaute b^1, t^1, d^1, k^1, k^2, k^3, g^1, g^2, die Reibungsgeräusche f^2, w^1, s^1, s^4, z^1, z^4, χ^2, χ^3, y^1, y^2, y^3, das l^1 und λ^1, die Zitterlaute ψ, r, $\underset{\smile}{s}$ und ϱ, und die Resonanten m^1, n^1 und $\varkappa$, letzteres durch *Nūn* ausgedrückt, ganz unter denselben Umständen wie bei uns im Deutschen.

Die verschiedenen Arten des g und k sind durch drei Zeichen ج, ݣ, ڨ vertreten. Die einfachen Zitterlaute sämmtlich durch ر.

Von diesen einfachen Elementen kommen χ^2 und y^2 nur in den Verbindungen [$s^1\chi^2$] und d[z^1y^2] vor, χ^3, y^3, ς und ϱ rechtmäfsig nur in den Verbindungen [$\chi^3\varsigma$] und [$y^3\varrho$], bei welchen letzteren Combinationen auch der Zitterlaut so schwach werden kann, dass ein einfaches χ^3 oder y^3 lautet.

XI. Abschnitt.

Systematische Bestrebungen der neueren Zeit.

Unter den Systemen der neueren Zeit ist das älteste mir bekannte das von J. Wallis, welches 1635 zuerst veröffentlicht wurde.[37]) Wallis theilt die Vocale wie die Consonanten in *Gutturales*, *Palatinae* und *Labiales*, und in jeder dieser Gruppen unterscheidet er wiederum je nach der Mundöffnung drei verschiedene Vocale, so dass er im ganzen 9 zählt. Bei den unzureichenden Grundlagen dieses Systems der Vocale, musste dasselbe nothwendig mangelhaft ausfallen, und wir brauchen hier nicht näher auf dasselbe einzugehen. Dagegen verdient sein System der Consonanten die gröfste Aufmerksamkeit. Er hat hier ebenfalls drei Abtheilungen, *Labiales*, *Palatinae* und *Gutturales*, die unseren drei Articulationsgebieten entsprechen. In jeder Abtheilung unterscheidet er *Muta* und *Semimuta* (tonlosen und tönenden Verschlufslaut), *Aspirata* (Reibungsgeräusch) *subtilior* und *pinguior*, jede von beiden tonlos und tönend; ferner den *Semivocal* (Resonanten und endlich in der Palatalreihe noch das *R* und das *L*.

[37]) a. a. O. 35.

In der Labialreihe sind demnach zusammengeordnet: *p*, *b*, *f*, englisch *v*, englisch *w* (als *Aspirata pinguior*) und *m*.

In der Palatalreihe: *t*, *d*, hartes (tonloses) *s*, weiches (tönendes) *s* (beide als *Aspirata subtilior*), hartes *th* der Engländer, weiches *th* der Engländer (beide als *Aspirata pinguior*), *n*, *l*, und *r*.

In der Gutturalreihe: *k*, *g*, *χ* (*che*), das *Ghaf* der Perser, welches nach Wallis die Schotten in *light* und *night* und die Iren in *logh* sprechen, *Jot*, *h* (letztere beide als *Aspiratae pinguiores*) und das *N nasale* (*ṅ* unserer Bezeichnung). Vom [*sχ*] (*sche*) wusste Wallis bereits, dass es ein zusammengesetzter Laut sei, der sich in dem System der einfachen Sprachlaute nicht unterbringen lässt.

Wenn man davon absieht, dass das *h* fälschlich an der Stelle des vorderen *χ* eingereiht ist, so kann man nicht genug den Tiefblick bewundern, mit welchem der berühmte Geometer und Sprachforscher die Consonanten anordnete, und man begreift kaum, wie sich, nachdem ein solches Beispiel gegeben war, die Verwirrung in unseren Grammatiken bis auf den heutigen Tag fortpflanzen konnte.

Wie wenig Wallis verstanden wurde, sehen wir unter anderem daran, dass Amman, der doch nicht wie viele Andere über die Sprachlaute schwatzte, sondern gründliche Studien über sie gemacht, ja, wie er versichert, selbständig den Taubstummenunterricht erfunden hatte, in einem von Amsterdam aus an ihn gerichteten Briefe sagt, er wundere sich, dass Wallis nicht bemerkt habe, dass sein *sh* (*sche* [*sχ*]) nichts sei als ein stärkeres *s* und keineswegs ein zusammengesetzter Laut.

Der gelehrte Court de Gebelin wusste mehr als hundert Jahre später die Consonanten der französischen Sprache nicht besser anzuordnen als folgendermaſsen[38]):

	starke	schwache
1. *Labiale*	*p*	*b*
2. *Dentale*	*t*	*d*

[38]) *Monde primitif analysé et comparé avec le Monde moderne, ou origine du langage et de l'écriture. Paris, 1775. 4. Chapt. IV, p. 131.*

3.	*Nasale*	*n*	*m*
4.	*Linguale*	*r*	*l*
5.	*Gutturale*	*ca*	*ga*
6.	*Siflante*	*s, ce*	*z, s* (zwischen zwei Vocalen)
7.	*Chuintante*	*ch*	*j, ge*
8.	*Labio-dentale*	*f*	*v*
9.	*Mouillé*	*ill*	*gn*
10.	*Gutturale-siflante*	*x*	
11.	*Gutturo-labiale*	*que*	*gue*

Aufserdem giebt er drei analoge Tabellen über die hebräischen, chinesischen und arabischen Consonanten.

Kempelen, der sich über diese unlogische Eintheilung mit Recht wenig günstig ausspricht[39]), theilt die Consonanten in

1. ganz stumme: *p, t, k*;
2. Windmitlauter: *f, h, ch, s, sch*;
3. Stimmmitlauter: *b, d, g, l, m, n, r*;
   (Die Stimmmitlauter theilt er wieder in einfache und zusammengesetzte. Als letztere bezeichnet er die drei Medien, weil sich bei der Hervorbringung ihres Lautes die Lage der Mundtheile ändert.)
4. Wind- und Stimmmitlauter: *w*, weiches *s*, französisch *j* und deutsches *j*.

Diese Eintheilung hat vom Standpuncte des Erfinders und Erbauers einer sprechenden Maschine aus gewiss ihre volle Berechtigung; sie ist aber aufserdem dadurch interessant, dass hier das gegenseitige Verhältnis von Stimme und eigenem Geräusch der Consonanten als wesentlicher Eintheilungsgrund auftritt, und dadurch eine Beziehung zwischen Medien und Liquiden aufgedeckt wird, die in anderen Systemen weniger zu Tage liegt.

Vocale unterschied Kempelen zwölf. Er ordnete sie nach der Weite des Zungencanals, d. h. bei ihm des Raumes zwischen Zunge und Gaumen, folgendermafsen an: *i, ü, é, e, ö*, tiefes *a* der Ungarn, *a* der Deutschen, *a* des

---

39) a. a. O. 223.

Lateinischen, *ä*, *au* der Franzosen, *o* der Franzosen, *u*, ferner nach der Gröfse der Mundöffnung *u* und *ü*, *au* der Franzosen und *ö*, *i* und *é*, *e*, *o* der Franzosen, tiefes *a* der Ungarn, *a* der Deutschen, *a* des Lateinischen, *ä*.

Im Jahre 1812 veröffentlichte du Bois-Reymond, der Vater, in den Musen[40], zwei Fragmente aus einem von ihm angekündigten Werke „Cadmus oder allgemeine Alphabetik". In dem ersten dieser Fragmente, das von den Vocalen handelt, sind dieselben ihrer natürlichen Verwandtschaft gemäfs zusammengestellt:

	/ *e*	*i* —
a ——	*ö*	*ü* —
	o —	*u* —

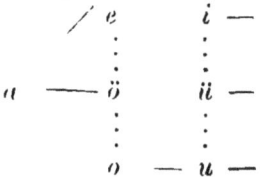

Er scheint zu dieser naturgemäfsen Anordnung nur durch eine scharfsinnige Betrachtung und richtige Würdigung der Bewegungen der Zunge und der Lippen geführt worden zu sein.

In dem zweiten Fragmente, das von den Consonanten handelt, stellt er sieben Reihen derselben in folgender Weise tabellarisch auf:

Hemmungen	geschlossene	engoffene	weitoffene	trillernde
1. *Labiolabial*	*b*	*w* (englisch)		*r* (ironisch)
2. *Labiodental*		*w*		
3. *Linguodental*	*ge* (italienisch)	*z* (französisch)	*j* (französisch	*r* (polnisch)
4. *Linguopalatal antérieure*	*d*	*th* (englisch)		*r*
5. *Palatale laterale*		*l mouillé*	*l*	
6. *Palatale móyenne*	(norddeutsch *ge*	*j*		
7. *Palatale póstérieure*	*g*	*j* (spanisch)		*r* (schnarrend

40) Norddeutsche Zeitschrift, redigirt von de la Motte-Fouqué. Dieses Werk ist 1862 in Berlin vollständig erschienen.

Es muss bemerkt werden, dass du Bois von seiner Tabelle die *Semivocales* (Resonanten) ausschlofs und ebenso die tonlosen Consonanten als blofse Modificationen der entsprechenden tönenden.

Im Jahre 1824 erschien in Gilbert's Annalen das System von Chladni[41]). Seine so berühmt gewordene Vocaltafel ist nur eine Erweiterung der von du Bois zwölf Jahre früher aufgestellten, ja eine ähnliche Erweiterung war bereits von du Bois selbst besprochen worden[42]). Die Vocaltafel lautet:

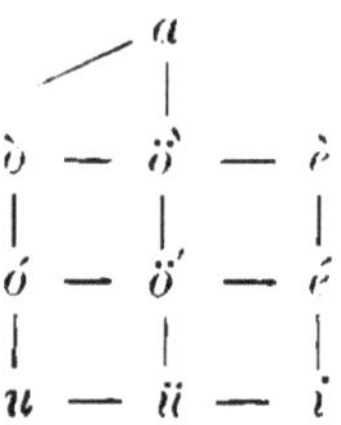

Eine Erklärung derselben ist nach dem, was ich im dritten Abschnitte über die Vocale gesagt habe, wohl nicht nöthig.

Die Consonanten theilte er ein in:

1. Verschlufslaute:
   Lippenverschlufslaut: *b* und *p*,
   Gaumenverschlufslaut: *d* und *t*,
   Kehlenverschlufslaut: *g* und *k*;
2. Nasenlaute:
   Lippennasenlaut: *m*,
   Gaumennasenlaut: *n*,
   Kehlennasenlaut: *ñ* (*n nasale*, *ṅ* unserer Bezeichnung);
3. Stemmlaute:
   Lippenstemmlaut: *f*,
   Zungenstemmlaut: *l*,
   Gaumenstemmlaut: *j*;
4. Zischlaute:
   Lippenzischlaut: *w*,

---

[41]) Bd. 76, S. 187.

[42]) Biester's neue berlinische Monatsschrift. Novemberstück von 1811.

Zungenzischlaut: *s* (hart und weich),
Gaumenzischlaut: *sch* (hart und weich),
Kehlenzischlaut: *ch*;

5. Zitterlaute:
Lippenzitterlaut,
Zungenzitterlaut: *r*,
Kehlzitterlaut: *r uvulare*;

6. Hauchlaut *h*.

In diesem System bilden die Verschlufslaute, die Nasenlaute (Resonanten) und die Zitterlaute symmetrische und vollständig gegliederte Gruppen. Dagegen sind die Stemmlaute und die Zischlaute offenbar gänzlich verfehlt.

Purkiňe (1836) theilt die Sprachlaute zunächst in tonlose und betonte (tönende), demnächst nach der Stärke des Luftstromes in gelinde, mittlere und starke. Nach der Einwirkung der Enge oder Verschlufs bildenden Mundtheile in offene, bewegte und geschlossene. Nach der Dauer in kurze und verlängerte. Endlich nach dem Organe in:

I. Stimmritzenlaute (*soni glottidis*),
II. Kehldeckel-Schlundlaute (*epiglottido-pharyngei*),
III. Zungenwurzel-Gaumensegellaute (*radicis linguae et veli palatini*),
IV. Gaumensegel-Choanenlaute (*choano-velales*),
V. Zungenrücken-Hartgaumenlaute (*dorsi linguae et palati duri*),
VI. Zungenrand-Gaumenlaute (*marginis linguae et palati duri*),
VII. Zungenspitz-Gaumenlaute (*cuspidis linguae et palati*),
VIII. Zungenspitz-Zahnlaute (*cuspido-dentales*),
IX. Lippenzahnlaute (*labio-dentales*),
X. Lippenlaute (*labiales*).

Die einzelnen Laute bezeichnet er dann nach der Art der Action näher als Hauchlaute, Sauselaute, Dränglaute, Drucklaute, Blählaute, Schnüffellaute u. s. w. Es muss zur Verständigung darüber bemerkt werden, dass die ganze Betrachtungsweise Purkiňe's von der, in welche ich den Leser einzuführen gesucht habe, vollständig verschieden ist. Wir haben die Laute nur in so weit betrachtet, als sie bestimmten Stellungen der Mundorgane entsprechen. Purkiňe aber stellt an sein Sprachelement durchaus nicht die Anforderung, dass die Mundtheile dabei in Ruhe sein sollen, sondern betrachtet den wechselnden Laut der Sprache im Zusammenhange mit den Bewegungen, aus denen er hervorgeht. So sind bei ihm *ts* und *dz* Dränglaute, indem ein Verschlufs durchbrochen und dann die Luft durch die gebildete Öffnung gewaltsam hindurch gedrängt wird; so sind

gn, kn, ghn, kchn.
dn, tn, dhn, tchn,
bm, pm, bhm, pchm

bei ihm eigene Laute, welche durch Schliefsen und Öffnen der Gaumenklappe hervorgebracht werden; so nennt er das, was wir als *m* betrachtet haben, einen Nasenvocal, und sagt, dass erst durch Verbindung desselben mit der explosiven Action der Lippen der Consonant *m* entstehe u. s. w.

Dieser früher sehr verbreiteten Auffassungsweise gegenüber habe ich die meinige schon in dem bisherigen gelegentlich zu rechtfertigen gesucht und glaube auch, dass sich die Mehrzahl der Sprachforscher ihr angeschlossen hat.

Mein hochverehrter Lehrer, Joh. Müller, stellte in den Untersuchungen über die Sprache, welche er in seinem Handbuche der Physiologie niedergelegt hat, kein eigenes System der Vocale auf. Die Consonanten theilte er folgendermafsen ein:

A. in Consonanten mit *strepitus aequalis seu continuus.* Diese sind:

1. *Continuae orales* durch den ganz offenen Mundcanal; einziger Repräsentant das *h*.
2. *Continuae nasales* durch den ganz offenen Nasencanal: *m, n* und *ñ* (*n* unserer Bezeichnung),
3. *Continuae orales* durch klappenartige Opposition von Mundtheilen gegen einander: *f, ch, sch, s* (aus denen durch Mittönen der Stimme *w*, *Jot*, franz. *je* und

weiches *s* entwickelt werden), *r* und *l* (welche letztere gleichfalls tonlos und tönend hervorgebracht werden);

B. in Consonanten mit *strepitus explosivus:*

1. *Explosivae simplices b, d, g,*
2. *Explosivae aspiratae p, t, k.*

Einer besonderen Untersuchung müssen wir noch das von Alexander John Ellis in seinen *Essentials of phonetics* niedergelegte System unterziehen, da dasselbe die Grundlage einer bereits mehrfach angewendeten phonetischen Schreibweise bildet.

Die Vocaltafel von Ellis ist der von du Bois und von Chladni analog gebildet, indem 17 Vocale in drei Reihen zu einer Pyramide angeordnet sind, deren Basis die drei Vocale *i*, *ü* und *u* bilden; aber an der Spitze der Pyramide, noch über den *A*-Lauten, steht der unbestimmte Vocal, oder, wie ihn Ellis nennt, der Ur- (Original-) Vocal.

Dies ist ein offenbarer Misgriff, denn der unbestimmte Vocal ist ebenso weit von *a*, wie von jedem anderen Vocale entfernt. Will man ihn in einem figurirten Vocalsystem unterbringen, so muss die Figur körperlich sein. Er muss in der Spitze einer dreiseitigen Pyramide liegen, deren Basis die Vocaltafel mit den drei Ecken *i*, *a* und *u* bildet, so dass der unbestimmte Vocal mit steigender Deutlichkeit in jeden der bestimmten und vollkommen gebildeten Vocallaute übergeführt werden kann, ohne den Ort eines anderen derselben zu berühren. In einer solchen Vocalpyramide, die sich aber auf dem Papier, d. h. in der Ebene, nicht wohl darstellen lässt, würden auch die früher von mir besprochenen unvollkommen gebildeten Vocale untergebracht werden können.

Der Misgriff, den unbestimmten Vocal in die Vocaltafel einzureihen, rührt übrigens eigentlich von Rapp[43]) her, der ihn zwischen *a* und *ö* stellte, und den Ellis, wie er selbst sagt, vielfältig benutzt hat.

---

[43]) Versuch einer Physiologie der Sprache. Stuttgart u. Tübingen, 1836.

In Rücksicht auf Dr. Rapp's eigenes System muss ich den Leser auf dessen Werk verweisen, da es der Raum dieser Abhandlung nicht gestattet, den tabellarischen Anordnungen einen so ausführlichen Commentar mitzugeben, wie es nöthig sein würde, um den Verfasser vor einer ungerechten Beurtheilung zu schützen, der seine gelehrte und mühevolle Arbeit vermöge der dunkeln und oft allegorischen Ausdrucksweise ohnehin nur zu leicht verfällt.

Ellis unterscheidet aufser den langen und kurzen Vocalen und den Diphthongen die *Coalescents* (englisch *w* und englisch *y*, welches er für identisch mit *Jot* der Deutschen hält), neun Hauche (1. Spiritus lenis; 2. 3. 4. 5. 6. fünf Arten der Aspiration oder des *h*, darunter die Sanskritaspiration und das *Ha* der Araber; 7. *Hamze* der Araber; 8. *Hiatus*; 9. *Ain* der Araber) und die Consonanten, welche er wieder eintheilt in:

Explodents:

p, *b*, *t*, *d*, *k*, *g*;

Continuants:

f, *v*, englisch hartes *th* und weiches *th*, hartes *s* und weiches *s*, deutsch *sch*, französisch *je*, deutsch *ch* und einen entprechenden weichen Laut, für den er das *g* in *König* als Beispiel anführt;

Liquids:

r, *l*, *m*, *n* und *n nasale* (*n* unserer Bezeichnung).

Aufserdem theilt Ellis sowohl die Vocale als die Consonanten nach den Organen ein, vermöge welcher sie gebildet werden. Bei den Vocalen basirt dies wie im Sanskrit darauf, dass *i* palatal, *a* guttural und *u* labial ist. Die Zwischenlaute zwischen *i* und *a* werden als postpalatal bezeichnet, was in ähnlichem Sinne nicht unpassend erscheint; dagegen aber sehe ich nicht ein, weshalb die Zwischenlaute zwischen *a* und *u* als postlabial bezeichnet werden. Näher müssen wir auf die nach den Organen eingetheilten Consonanten eingehen.

Explodents:

1. *Labial explodents:* *p* und *b;*

2. *Dental explodents:* *ṭ* und *ḍ*, bei denen die Zunge am Zahnfleisch der Oberzähne schliefsen soll;

3. *Palatal explodents:* *t* und *d*, bei denen die Zungenspitze an der Mitte des harten Gaumens schliefsen soll; dies soll auffallender Weise das *d* sein, welches sich mit *Jot* verbindet, indem der Zungenrücken gehoben wird, während die Zungenspitze in ihrer Lage bleibt.

Hier wird ausdrücklich das *ť* und *ď* des Böhmischen angeführt, während Czech[44]) diese Laute als dorsal gebildet beschreibt, was nach dem, was wir über die mouillirten Laute bereits kennen gelernt haben, auch viel natürlicher ist;

4. *Postpalatal explodents:* *ţ* und *ḑ*, bei denen die Zunge nach aufwärts umgebeugt wird, so dass sie mit ihrer unteren Fläche den Gaumen berührt, entsprechend unserem t^2 und d^2;

5. *Pharyngal explodents:* *c* (*k*) und *g*. Ferner beschreibt Ellis unter dieser Rubrik einen tonlosen und einen tönenden Laut, von dem er sagt, er sei halb eine Continua, indem er in den Laut von *Jot* oder englisch *y* übergehe. Die Beschreibung der Mundstellung zeigt, dass Ellis das vordere *k* und das vordere *g* meint, und die Beispiele, welche er anführt, die französischen Worte *quelque, quête* und *queue* enthalten in der That nichts von einem *Jot*-Laute. Ellis hält, wie oben erwähnt, diese Laute für das *ć* und *ǵ* der Palatalreihe des Sanskrit, das heifst, er ist mit R. v. Raumer und Anderen der Meinung, dass *ć* und *ǵ* der Palatalreihe früher einmal den Lautwerth von k^1 und g^1 nach unserer Bezeichnung hatten.

Continuants:

1. *Labial continuants:* *w* (englisch *w* in *way*), *v̀* (w^1 unserer Bezeichnung, welches Ellis für das gewöhnliche deutsche *w* hält), *ʍ* (ein Laut, den die Engländer fälschlich

---

44) Versinnlichte Denk- und Sprachlehre. Wien 1838. S. 88 u. 92.

statt des *ou* im französischen *Oui* hervorbringen), *f* und *v* (f^2 und w^2 unserer Bezeichnung);

2. *Dental continuants:* das harte und weiche *th* der Engländer;

3. *Palatal continuants:* hartes und weiches *s*, bei dem die Spitze der Zunge nahe an den Zähnen, der gerundete Rücken derselben nahe am Gaumen liegt. Hier ist auch der Verbindung des *s* mit *Jot* unter dem Namen des geschwächten *s* erwähnt.

4. *Postpalatal continuants:* deutsches *sch* und französisches *je*;

5. *Pharyngal continuants:* englisch *y* (den entsprechenden tonlosen Laut dazu findet Ellis in den englischen Wörtern *hew* und *human*), *k* und *q* (das *ch* in *Milch* und das *g* in *Regierung*, letzteres offenbar nach norddeutscher Aussprache, bei welcher es sich dem *Jot* nähert oder in dasselbe übergeht; die Laute *k* und *q* sind also χ^1 und y^1 unserer Bezeichnung), endlich *ḳ* und *q̇*, wofür das deutsche *ch* in *Buch* (χ^2) und das *Ghimel* der Hebräer als Beispiele angeführt werden.

Liquids:

A) Oral-Liquids:

1. *Labial or Lip-Liquids:* Zitterlaut der Lippen;

2. *Lateri-Lingual-Liquids:* *ḷ*, bei dem die Zunge gegen die Oberzähne oder deren Zahnfleisch gestemmt ist, ist nach Ellis Meinung das ł der Polen, *l* (gewöhnliches *l* der Engländer, bei dem die Zunge weiter oben gegen den Gaumen gestemmt ist), *L mouillé* wird durch Hebung des Zungenrückens und dadurch hervorgebrachten *Jot*-Laut aus dem vorigen entwickelt;

3. *Tip-tongued Liquids:* *R linguale;* dasselbe kann mouillirt, d. h. mit *Jot* verbunden werden. Ellis bemerkt dabei, dass er hierfür kein Beispiel in lebenden Sprachen aufzufinden wisse; wir haben aber solche bei Gelegenheit der mouillirten Laute in slavischen Sprachen kennen gelernt. Hier wird auch die tonlose und tönende Verbindung von *r* und *sch* angeführt, welche dadurch entstehen soll, dass bei der Hervorbringung des *sch* oder französisch *je* die Zungenspitze vibrirt. Es ist aber unmöglich, dass ein

r linguale und ein [*sχ*] oder [*zy*] wirklich gleichzeitig hervorgebracht werden können, gerade so wie es unmöglich ist, ein *r linguale* gleichzeitig mit einem harten oder weichen *s* hervorzubringen, denn der vordere Theil der Zunge kann nicht zu gleicher Zeit als Klappe vibriren und die Enge für das *s* bilden. Die wahre Natur dieser Laute haben wir bereits kennen gelernt, wo von den zusammengesetzten Consonanten, insonderheit vom ř der Czechen gehandelt wurde: wir haben gesehen, dass der Zitterlaut dem Reibungsgeräusche vorhergeht, aber bei guter Aussprache nur zwei oder drei Vibrationen hat; wir haben ferner gesehen, dass im *rz* der Polen, in dem beide Laute gleichzeitig sind, das *r* kein Zungen-*R*, sondern ein Kehlkopf-*R* ist.

4. *Root-tongued Liquids: r* durch Zittern der Zungenwurzel mit oder ohne Mitwirkung des Zäpfchens, wovon Ellis zwei Arten unterscheidet, die sich zu einander wie das *k* und *ḳ* seiner Bezeichnung verhalten sollen, was mir nicht vollständig klar geworden ist.

B) Nasal-Liquids:

1. *Labial: m;*
2. *Dental: ṇ*, entsprechend dem *ḍ* und *ḷ*,
3. *Palatal: n*, gewöhnliches *n*, bei dem die Zungenspitze am vorderen Theile des Gaumens anliegt. Von diesem leitet Ellis das *N mouillé* ab, wie er von dem entsprechenden *l* das *L mouillé* ableitet;
4. *Postpalatal: ņ*, entsprechend unserem n^2;
5. *Pharyngal: N nasale*, d. h. das *n*, wie es im Deutschen vor *g* und *k* gesprochen wird (*n* unserer Bezeichnung).

Von Lepsius ist ein allgemeines Alphabet aufgestellt worden, welches er für die Transscription aus fremden Sprachen empfiehlt[45]. Die Vocale sind zunächst nach dem du Bois-Chladni'schen Schema angeordnet, nur un-

[45]) Das allgemeine Alphabet. Berlin, 1855. 8. *Standard Alphabet for reducing unwritten languages and foreign graphic systems to a uniform orthography in european lettres.* 2. Ausgabe. London und Berlin 1863.

terscheidet Lepsius zwischen *i* und *a* und *a* und *u* eine Zwischenstufe mehr als Chladni, wie ich dies in meiner 1849 in den Sitzungsberichten der k. Akademie publicirten Arbeit auch schon gethan habe. Zwischen *i* und *u*, *e* und *o* unterscheidet Lepsius wie Chladni nur je eine Zwischenstufe. Demnächst bespricht er den sogenannten unbestimmten Vocal. Er sagt von ihm, dass er den Liquidae und den tönenden Reibungsgeräuschen inhärire und dass diese deshalb zuweilen als Sylben bildend auftreten. Hier ist aber der sogenannte unbestimmte Vocal nichts als der Ton der Stimme selbst. Dass die Laute als Sylben bildend auftreten, beweist durchaus kein vocalisches Element in ihnen, denn man kann gewisse Combinationen aneinandergereihter Consonanten ohne Vocal mit Leichtigkeit und Sicherheit aussprechen, indem man aus der Stellung für jeden einzelnen Consonanten in die für den nächstfolgenden übergeht, ohne dabei die Stellung von irgend einem Vocale zu passiren. Verschmelzung eines Consonanten mit einem Vocal findet sich nur in den Combinationen [*uw*^{1}] und [*iy*^{1}]; sucht man dagegen z. B. *z*^{1} mit den verschiedenen Vocalen zu verschmelzen, so bemerkt man, dass man ihm zwar durch Erhebung der Zunge und des Kehlkopfes einen helleren, durch Herabsenken des Kehlkopfes und Vorschieben der verengten Mundöffnung einen dumpferen Ton geben kann, dass aber keine wahren Vocale zu Stande kommen, weil sich deren Bedingungen in ihrer Totalität nicht gleichzeitig mit der Enge für das *s* herstellen lassen, und ähnlich verhält es sich mit allen übrigen tönenden Consonanten, die in der Mundhöhle gebildet werden.

Aufserdem wird die Nasalirung und die Quantität der Vocale besprochen.

Die Consonanten sind in sieben Reihen getheilt: *Faucales*, *Gutturales*, *Palatales*, *Cerebrales*, *Linguales*, *Dentales*, *Labiales*; die einzelnen Reihen zerfallen wieder in *Explosivae* oder *Dividuae* (*orales* und *nasales*), *Fricativae* oder *Continuae* und in *Ancipites* (*Liquidae* ältere Ausg.) Die *Explosivae orales* sind unsere Verschlufslaute, die *Explosivae nasales* unsere

Resonanten, die *Fricativae* unsere Reibungsgeräusche, die *Ancipites* unsere *r*- und *l*-Laute.

Beginnen wir mit der Faucalreihe.

Hier sehen wir das *Ain* der Araber als *Explosiva oralis fortis*. Es kommt dadurch in eine Verticalreihe zu stehen mit den stummen Consonanten *k*, *t* und *p*. Das *Ain* ist aber kein tonloser Laut, sondern ein tönender. Das *Ain* ist ferner keine *Explosiva* in dem Sinne wie *p*, *t* und *k*, sondern wird von den arabischen Orthoepisten unseren *Liquidis* angereiht und kann in der That so gut wie *l* und *r* continuirlich hervorgebracht werden, und endlich ist es kein Faucallaut, sondern ein Gutturallaut, indem es im Kehlkopf gebildet wird.

Als *Explosiva oralis lenis* sehen wir den Spiritus lenis der Griechen, dem Lepsius das *Elif* der Araber gleichstellt. Der Spiritus lenis kommt hierdurch in eine Verticalreihe mit *b*, *d*, *g* und müsste also der entsprechende tönende Laut zu dem tonlosen Laute *Ain* sein, was schon deshalb nicht möglich ist, weil *Ain* selbst ein tönender Laut ist.

Als *Fricativae seu continuae* dieser Reihe werden die beiden Hauptarten des *h*, das ح der Araber und das gewöhnliche *h*, aufgestellt.

In einer Anmerkung zu einer Abhandlung über die arabischen Sprachlaute und deren Umschrift, gelesen am 2. Mai 1861, sagt Lepsius (Abhandl. d. Berl. Akad. d. W. 1861 p. 128): „In der Lautübersicht des allgemeinen Alphabets, die von vielen Nüancen absehen muss, wenn die Übersichtlichkeit nicht leiden soll, ist früher sowohl ʿ“ (das Zeichen für das ع der Araber) „mit den Fortes, als *h* gegenüber *h*ʿ“ (das Zeichen für das ح der Araber) „mit den Lenes zusammengestellt worden. Beides vermeiden wir jetzt um so lieber, da es gegründeten Anstofs erregt hat (Brücke, Physiol. p. 114).“ Wahrscheinlich waren damals die Vorbereitungen für die Ausgabe des *standard alphabet* von 1863 schon zu weit vorgerückt, um auch in dieser eine entsprechende Änderung vornehmen zu können.

Die Laute der zweiten Reihe führen bei Lepsius den Namen der *Gutturalen*, und hier finden wir diejenigen, welche zwischen Zungenwurzel und Gaumensegel gebildet werden. *Guttur* ist aber, wenn es nicht blos den vorderen Theil des Halses, sondern ein inneres Organ bedeutet, der Kehlkopf oder auch der Kehlkopf sammt der Luftröhre, und doch steht in dieser Reihe kein einziger Consonant, der vom Kehlkopfe ohne Beihülfe anderer Organe gebildet wird. Da sich in dieser Reihe mehrere Laute finden, welche im *Isthmus faucium* gebildet werden, so könnte man glauben, dass durch einen Druckfehler die Benennung *Faucales* vor die erste anstatt vor die zweite, und die Benennung *Gutturales* vor die zweite anstatt vor die erste Reihe gesetzt sei; aber Seite 34 der alten Ausgabe (Engl. Ausg. v. 1863, S. 68) heifst es: „Es ist leicht zu bemerken, dass wir diesen Hauch (das *h*) hinter dem Gutturalpuncte sprechen und zwar unmittelbar am Kehlkopfe.“ Es geht hieraus also hervor, dass Lepsius unter *Guttur* nicht den Kehlkopf und die Luftröhre, sondern die Gegend zwischen Zunge und Gaumensegel versteht. Es ist zwar ein durch das Alter geheiligter Misbrauch, alle Laute, die nach rückwärts von der Mittelzunge gebildet werden, als Gutturalen zu bezeichnen, aber man sollte doch wenigstens nicht die wahren Gutturalen unter dem Namen der *Faucales* von ihnen abtrennen und den nun ganz unrichtigen Namen auf den übrigen hängen lassen. Siehe über diesen Gegenstand die Bemerkungen von Lepsius und von mir in Kuhn's Zeitschrift f. vergl. Sprachforsch. Bd. XI, S. 265—276 und 442—459.

Wir finden in dieser zweiten Reihe das hintere *k* mit einer Sonderbezeichnung für das *Kaf* der Araber und das hintere *g*.

In der alten Ausgabe steht die Sonderbezeichnung für ق zwischen und etwas über *g* und *k*, in der Ausgabe von 1863 finde ich sie senkrecht über das hintere *g*, das *g* in engl. *gold*, gestellt. Es ist hiermit der freilich weit verbreiteten Aussprache des ق als Media Rechnung getragen, aber nicht der Aussprache als Tenuis mit verschlossener Stimmritze, von der ich oben S. 140 als derjenigen gesprochen habe, welche mir von Prof. Hassan als die rechtmäſsige bezeichnet wurde. Es ist übrigens die erwähnte Anordnung kein zufälliger Misgriff, sondern hängt mit bestimmten Ansichten zusammen, welche sich Lepsius über die Natur gewisser arabischer Consonanten gebildet, und im Jahre 1861 in den Publicationen der Berliner Akademie niedergelegt hat.

Mit diesen Verschluſslauten ist zusammengestellt das *n* in *enge* und *singing*; dies ist aber ein offenbarer Misgriff, da dieser Laut in die folgende, die Palatalreihe gehört. Zu dem hintern *k* und *g* gehört das *n* in *Schwung* und im englischen *monk*, das n^2 unserer Bezeichnung. Als *Fricativae* dieser Reihe werden aufgeführt einerseits das *ch* in *Ach*, andererseits in der älteren Ausgabe das neugriechische *Gamma* in *γέφυρα* und das *Ghain* der Araber. Über das Verhältnis dieser beiden letzteren Laute zu einander habe ich mich bereits früher ausgesprochen. Das *Gamma* in neugriechisch *γέφυρα* finde ich in der Ausgabe von 1863 in die folgende Reihe, in die Palatalreihe versetzt. Als *Liquida* ist dieser Reihe das *r uvulare* zugetheilt; sie enthält also Laute von sämmtlichen drei Nummern meiner *K*- und *G*-Reihe.

Die dritte oder Palatalreihe entspricht im Allgemeinen der Nro. 1 meiner *K*- und *G*-Reihe, aber es fehlt dieser Reihe ihr Resonant, der fälschlich in die vorige gesetzt ist, und an seiner Stelle ist das *n* in dem italienischen *gnudo* eingeschaltet. Dies ist das *n mouillé* der Franzosen und das *n con tilde* der Spanier. Ich habe früher nachgewiesen, dass in diesem Laute *n* und *I consona* aneinandergefügt sind, und er kann mithin nicht unter die einfachen Sprachlaute eingereiht werden. Eben so wenig kann ich die Einreihung des *L* im italienischen *gli*, in diese Reihe billigen. Für das tönende Reibungsgeräusch dieser Reihe war in der ersten Ausgabe kein Beispiel angeführt, in der von 1863 findet sich das *γ* in neugriechisch *γέφυρα*. Auſserdem enthält diese Reihe als Halbvocal *I consona* und in der neuen Ausgabe als weitere *Fricativae fortes* und *lenes* das *sch* der Deutschen, französisch *j* das *ś* in polnisch *świt* und das *ź* in polnisch *poźno*. Ich brauche nach dem früher Gesagten hier nicht weiter auseinanderzusetzen, weshalb ich mit dieser Anordnung nicht einverstanden bin.

Die vierte Reihe ist die der Sanskrit-Cerebralen mit Ausschlufs der Aspiraten. Als tönendes Reibungsgeräusch ist in der Ausgabe von 1855 das *ź* im polnischen *poźno* eingeschaltet. Es ist dies der tönende Laut zu dem *ś*, wovon Abschnitt VI und VIII bereits gehandelt hat. In der Ausgabe von 1863 steht in dieser Reihe zwar ein Zeichen für das tönende Reibungsgeräusch; es ist aber für dasselbe in den Erklärungen auf keinen bestimmten Consonanten einer lebenden oder todten Sprache hingewiesen, was übrigens weiter kein Mangel ist, da nach der Stellung des Zeichens Niemand in Zweifel sein kann, wie der entsprechende Laut hervorzubringen sei. Diese Abtheilung enthält auch den Consonanten *R* des Sanskrit.

In diese Reihe stellt Lepsius auch den eigenthümlichen *L*-Laut des Veda-Dialects, worin er der von Böthlingk (Bemerkungen zur zweiten Auflage von Bopp's Sanskrit-Grammatik, aus dem *Bulletin historico-philologique*, *Tom. III*, Petersburg, 1855) geäufserten Ansicht gefolgt ist.

Die Laute der fünften Reihe nennt Lepsius die *Linguales*. Sie besteht aus Lauten, welche dem Arabischen entnommen sind, ط, ظ, ص, ض, Lepsius sagt Seite 39 der alten Ausgabe: „Die Lingualclasse gehört ausschliefslich der arabischen und verwandten Sprachen an. Sie wird gebildet, indem die breite Zunge mit nach unten gebogener Spitze den ganzen vorderen Raum des harten Gaumens bis zu den Zähnen berührt oder ihm sich nähert.“ In der Ausgabe von 1863 heifst es: *The breadth of the tongue either touches or approaches the whole anterior space of the hard palate as far as the teeth, its tip beeing rather turned below.* Lepsius hat unstreitig vielfältig Gelegenheit gehabt, sich über die Art, wie diese Laute gebildet werden, zu belehren. Die arabischen Orthoepisten aber lassen das ط ebenso wie das ض mit gegen den vorderen Theil des Gaumens gelegter Zungenspitze, also nach meiner Bezeichnung alveolar bilden.

Ich will hier nicht auf's Neue auf die wahren Unterschiede dieser Consonanten von ihren nicht emphatischen Doppelgängern eingehen, sondern verweise auf das, was ich oben S. 134 bis 143 und in meinen Beiträgen zur Lautlehre der arabischen Sprache gesagt habe. In der Ausgabe von 1855 stand in dieser Reihe auch ein *N* ohne Lautbeispiel, das aber in der von 1863 fortgelassen ist.

Die nun folgende Dentalreihe enthält das abendländische *t*, *d*, *n*, *l* und *r*.

Als Reibungsgeräusche dieser Reihe erscheinen das tonlose und das tönende *s*, das harte und weiche *th* der Engländer und in der Ausgabe von 1855 aufserdem deutsch *sch* und französisch j.

Die letzte, die Labialreihe, enthält *p*, *b*, *m*, *f*, französisch *v* und als Halbvocal das englische *double U*.

Ich habe dieses System nicht mit Stillschweigen übergehen können, weil es einer Transscription, oder genauer bezeichnet einer Translitteration, zu Grunde gelegt ist, welche dadurch, dass sie von der *church missionary society* angenommen wurde, in weiten Kreisen Verbreitung gefunden hat, wenn auch nicht ohne Veränderungen, die von einzelnen Missionsgesellschaften angebracht, von anderen wieder verschmäht wurden[46]. Im Übrigen glaube ich mich jeder Polemik gegen die Lehren und Systeme Anderer enthalten zu sollen.

Es ist nicht meine Absicht in dieser neuen Auflage der gelehrten Welt ein kritisches Sammelwerk über die verschiedenen Ansichten in der physiologischen Lautlehre zu bringen, sondern Denjenigen, welche sich mit der letzteren bekannt machen wollen, einen Leitfaden, der sie auf möglichst kurzem Wege zum Ziele führt.

---

[46]) Siehe darüber Max Müller: *Lectures on the sience of language. Ser. II. p. 154.*

Erklärung der Tafeln.

Auf den beiliegenden Tafeln sind Stellungen der Mundtheile für verschiedene Sprachlaute in der Weise versinnlicht, dass die Figur gezeichnet ist, welche ein während der Hervorbringung des Lautes in der Mittelebene des Kopfes und der Mundhöhle geführter Schnitt darbieten würde. Die einzelnen Theile sind nur in der Figur für *a* bezeichnet, da sie in allen übrigen auf dieselbe Weise wiederkehren. 1 ist die Grenze zwischen dem harten und dem weichen Gaumen, die man in der auf Seite 60 angegebenen Weise leicht an sich selber auffinden kann. Von 1 nach 2 erstreckt sich der weiche Gaumen, oder das Gaumensegel, welches bei 2 die hintere Rachenwand berührt und so den oberen Theil der Rachenhöhle (3), der mit der Nasenhöhle communicirt, von dem unteren absperrt. Bei 2 sieht man ferner das Zäpfchen (*uvula*) herabhängen. Um dasselbe, sowie die von ihm nach rechts und links herabsteigenden vorderen und hinteren Gaumenbögen mit den zwischen ihnen liegenden Mandeln oder Tonsillen an sich selbst zu beobachten, wendet man sich gegen ein Fenster, durch welches das Licht frei einfällt, hält sich einen kleinen Handspiegel vor und bringt nun mit weitgeöffnetem Munde ein *a* oder *h* continuirlich hervor. 4 ist der sogenannte Kehlraum, d. h. der Raum zwischen Kehlkopf, Zungenwurzel, Gaumensegel und hinterer Rachenwand, in den die Luft, nachdem sie aus dem Kehlkopfe ausgetreten ist, zunächst gelangt, und der nach vorn in die Mundhöhle, nach hinten und unten in den Schlund übergeht. 5 ist der Kehldeckel. Man kann ihn an sich selbst durch das Getast wahrnehmen, wenn man einen Mundwinkel mit dem Zeigefinger zur Seite drängt, und diesen letzteren dann so lange auf der Zunge nach hinten und nach abwärts schiebt, bis man mit der Spitze gegen den Rand eines elastischen, klappenartig an der Zungenwurzel hervorragenden Körpers stöfst. 6 ist das Zungenbein; man findet es an sich selber auf, wenn man da, wo die vom Kinn nach rückwärts verlaufende Linie des Profils in die absteigende des Halses übergeht, die Fingerspitzen in der Richtung von unten und vorn nach oben und hinten eindrückt. 7 ist das wahre Stimmband; wenig darüber ist das falsche, durch eine zweite Linie angedeutet. Der Raum zwischen beiden entspricht dem Zwischenraume zwischen der wahren und falschen Stimmritze, der nach beiden Seiten in taschenartige Vertiefungen, die sogenannten Morgagnischen Ventrikel, ausgeht. 8 ist der Schildknorpel; man sieht ihn an der vorderen Seite des Halses als Adamsapfel hervorragen; von vorne an diesen, nicht auf ihn, legt man die Spitze des Zeigefingers um das Auf- und Absteigen des Kehlkopfes bei der Bildung der verschiedenen Vocale zu beobachten. 9 ist der rechte der beiden Giessbeckenknorpel, an welche die Stimmbänder, sowohl die falschen als die wahren, nach hinten zu befestigt sind, und von deren Stellung es abhängt, ob die Stimmritze offen oder zum Tönen verengt ist.

Zunächst habe ich die drei Hauptvocale *a*, *i* und *u* abgebildet, ferner das *ü*, um die Vermischung der Stellungen von *i* und *u* zu versinnlichen. Die Consonanten der ersten Doppelreihe habe ich ganz übergangen, weil sich bei ihnen alles Wesentliche leicht vom Munde absehen lässt. Dagegen habe ich die vier Modificationen der Verschlufslaute der zweiten Reihe und die drei Modificationen der Verschlufslaute der dritten Reihe dargestellt. Um die entsprechenden Reibungsgeräusche daraus abzuleiten, hat man sich nur an der Stelle des Verschlufses eine kleine Öffnung zu denken.

Die *L*-Laute waren nicht besonders darzustellen, da sie sich nur durch die Seitenöffnungen von den Verschlufslauten der zweiten Reihe unterscheiden. Eben so wenig sind die Zitterlaute abgebildet, da das Wesentliche derselben, die Vibration, nicht ausgedrückt werden konnte. Von den Resonanten ist beispielsweise einer, das gewöhnliche alveolare *n*, dargestellt, um zu zeigen, wie er sich von dem entsprechenden Verschlufslaute durch nichts als durch das herabhängende Gaumensegel unterscheidet.

Verbesserungen.

Seite	10,	Z.	16	v. o	lies der Stimmritze statt d-s Kehlkopfausganges.
„	26,	„	11	v. o.	„ einen statt einem.
„	27,	„	14	v. o	„ lang statt lange.
„	34,	„	3	v. u.	„ *au* $a^{\iota}u^{\iota}$ statt au^{u}, $a^{e}u^{u}$.
„	66,	„	11	v. o.	„ Ich will den tonlosen Laut mit ξ, den tönenden mit ϱ bezeichnen.
„	88,	„	3	v. u.	„ dass crsterer statt das erstere.
„	92,	„	7	v. u.	„ der statt hier der.
„	94,	„	2	v. o.	„ zweiundfünfzig s'att zweiunddreifsig

a

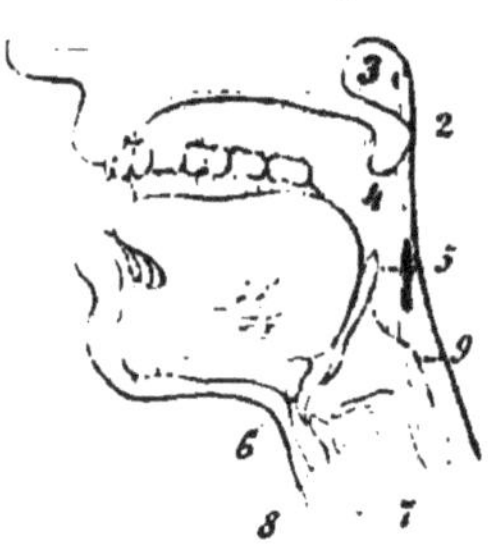

i

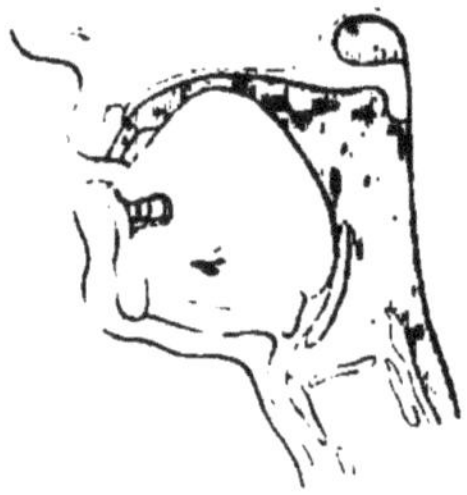

u

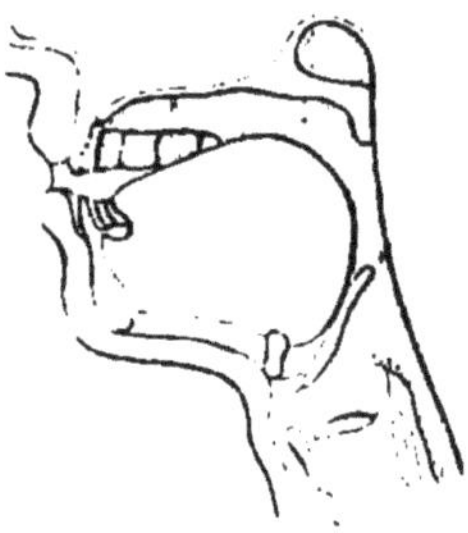

u^i

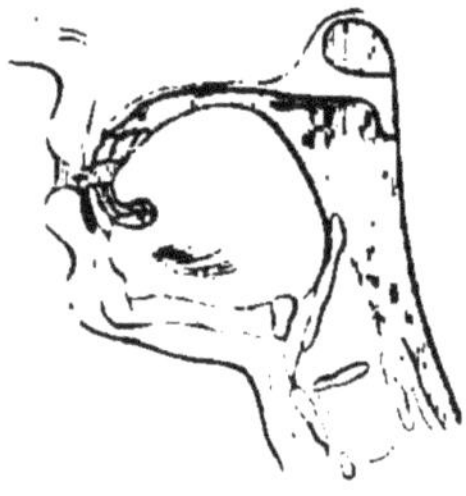

$t'ud'$

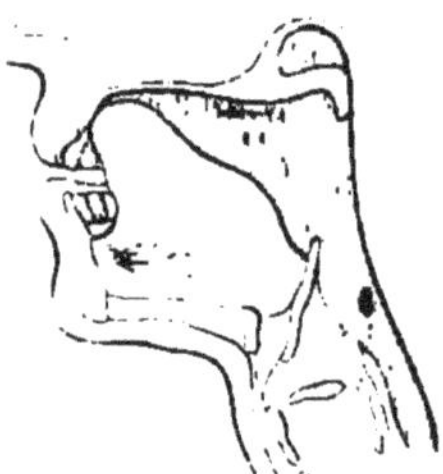

t^2ud^2

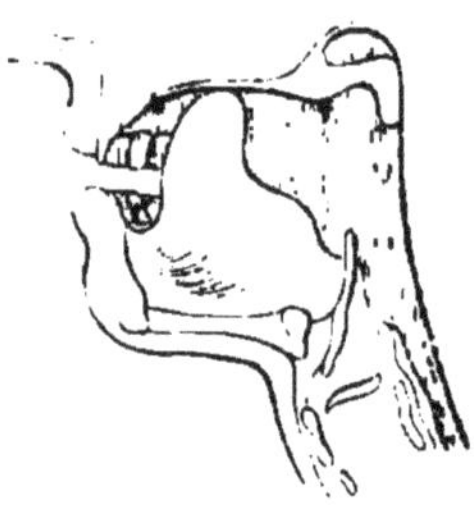

Lith v Hoke

t^3 u. d^3

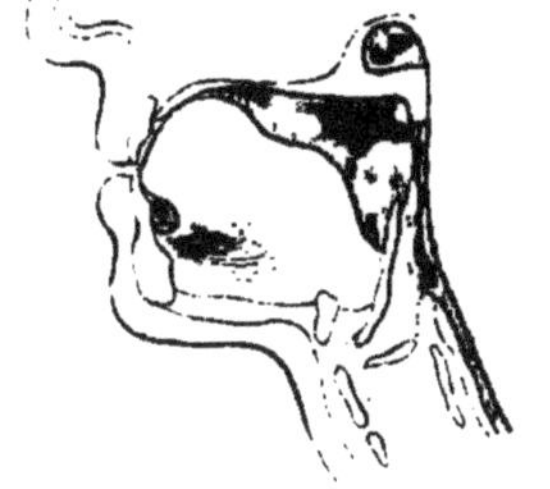

t^4 u. d^4

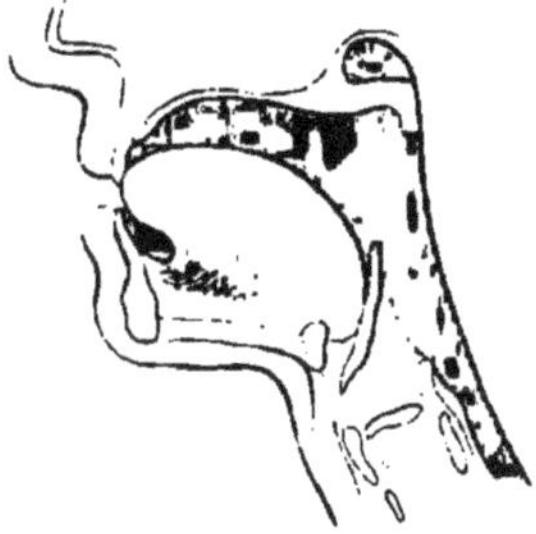

n^1

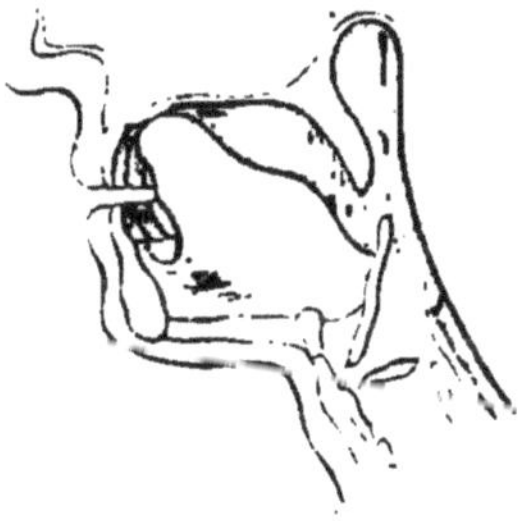

k^1 u. g^1

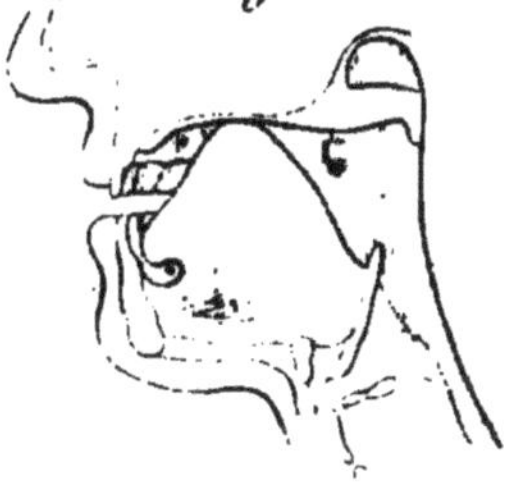

k^2 u. g^2

k^3 u. g^3

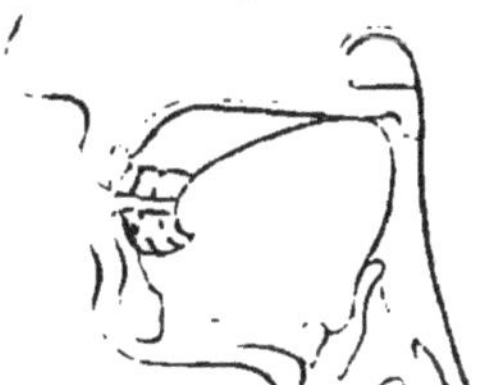